労務理論学会誌　第33号

「失われた30年」と人事労務管理

編集　労務理論学会
発売　晃 洋 書 房

は し が き

　労務理論学会第33回全国大会は、2023年6月23日（金）から6月25日（日）、沖縄大学（沖縄県那覇市）において開催されました。新型コロナウイルスは、同年5月の大型連休明けにインフルエンザ相当の5類扱いとなりましたが、その影響を引き続き考慮し全プログラムを会場開催とZoom配信とを併用する大会運営となりました。

　今大会では、統一論題「『失われた30年』と人事労務管理」のテーマの下、自由論題報告、社労士セッション、特別公演、統一論題プレシンポジウム、書評分科会の魅力あるプログラムが多くの会員参加のなか行われました。

　6月23日（金）は、沖縄県では「慰霊の日」として、第二次大戦等の国内外全戦没者を追悼する平和を祈念する日とされており、今大会のエクスカーションとして、糸満市の平和の礎、平和祈念資料館を巡り現地での追悼の様子にふれました。

　6月24日（土）は、午前中3会場に分かれて自由論題、社労士セッションにて、理論研究から実践研究まで6つのテーマが報告されました。午後は特別公演企画として、沖縄大学の山野良一教授より「沖縄県調査、歴史、その他いつくかの論点から考える沖縄の子どもの貧困」をテーマに講演され、いわゆる「子どもの貧困」問題が示唆する沖縄の親世代の労働環境の実状について講演され、講演後の活発な質疑につながりました。これに続き、統一論題プレシンポジウム、書評分科会報告が行われました。会員総会では、島内高太会員（拓殖大学商学部）著の『企業内訓練校の教育システム——連携と共育による中核技能者育成——』(2022) に、労務理論学会学会賞（学術賞）が授与されました。また次年度第34回大会の開催校が千葉商科大学と発表されました。

　6月25日（日）は、「『失われた30年』と人事労務管理」の統一論題の下、過去30年にわたり賃金が上昇しない国になってしまった雇用・就業の変容につい

て伍賀一道会員（金沢大学）、ギグワーカーの拡大とその問題について伊藤大一会員（大阪経済大学）、そして、ジェンダー中立的な賃金制度について禿あや美会員（跡見学園女子大学）から報告され、これらテーマへのコメントが藤井浩明会員（大同大学）からなされ、その後のシンポジウムでの討論につながりました。

　今大会は、開催迫る６月に入り台風２号、３号が沖縄接近するなど天候への対策や、コロナ禍対策として登壇者・視聴参加者へのオンライン配信など不安要素が多い大会となりましたが、運よく期間中の天候には恵まれ初夏の厳しい日差しの中となりました。また、オンライン配信中に音響不備が生じた際には、登壇者の対応を頂き大事に至らず抑えられた場面もありました。

　会員の皆様には、新型コロナウイルスが５類移行直後となり、沖縄県への来県観光客が急増する時期とも重なり、航空便・宿泊場所の確保がたいへんな時期ともなりましたが、多くの会場参加・オンライン参加を頂き深く感謝申し上げます。また、今大会は、石川公彦会員と会員２名の少数の実行委員でしたが、これに沖縄大学の成定洋子先生の協力を得てゼミ学生の協力や事前打合せと当日対応を頂きました。ここに記し感謝致します。

　最後になりましたが、今大会の充実したプログラム策定を頂いたプログラム委員、各会場の司会など運営を下支え頂いた諸先生方と理事・幹事のご支援に心より御礼申し上げます。ありがとうございました。

第33回全国大会

実行委員長　島 袋 隆 志

目　　次

自由投稿（研究論文）

書　評

統 一 論 題

「失われた30年」と人事労務管理

労務理論学会第33回全国大会統一論題
「『失われた30年』と人事労務管理」
提案趣旨

　ここ数年来、日本は「賃金が上がらない」「経済成長が見込めない」「競争力の低下が進行している」など、諸外国と比較して強調されることが多い。バブル経済崩壊以降、「失われた10年」「失われた20年」を経て最近ではついに「失われた30年」と言われることもしばしばである。経済協力開発機構（OECD）による年間平均賃金調査では、1990年からの約30年間、日本の賃金の上昇率は約4.4％でOECD平均の33％には遠く及ばず、経済成長、労働者の処遇全体の底上げ双方がいかに停滞しているかを物語っている（『中日新聞』2022年6月24日）。

　1995年に日経連（現：日本経団連）が発表した『新時代の「日本的経営」』における「雇用ポートフォリオ論」では、企業を取り巻く環境に応じて雇用形態を柔軟に切り替えながら人件費管理を徹底する戦略と雇用管理が提唱された。終身雇用対象者である正規労働者とそれ以外のパート・アルバイト・契約社員・嘱託・派遣・請負などの非正規労働者との間に労働条件格差が顕在化し、労働市場の弾力化が進行した。

　とりわけ非正規労働者の増加は著しく、総務省『労働力調査』によれば、2021（令和3）年平均の「非正規の職員・従業員」数は約2064万人（男性：約652万人、女性：約1413万人）、比率は約36.7％であり、前年より減少しているものの平成の中盤以降から人数・比率ともに右肩上がりであること、女性の割合が多いことは周知のとおりである。木下武男は日本的労使関係の「崩壊」と「ユニオニズムの不在」に一因があることを指摘している。1998年から2000年にかけて雇用者数は頭打ちとなり、非正規労働者が増加し労働市場の構造変化が一気に進行、同時に労働者を酷使して使い捨てる「異常な働かせ方が横行」し、日本の労働

社会は「貧困と過酷な労働、雇用不安」で覆われている。例えば厚生労働省「過労死等の労災補償状況」によれば、「精神障害に係る労災請求件数の推移」は2001（平成13）年では265件だったが、2020（令和2）年は2051件と約7.7倍にまで増加している。

　安倍政権では「女性活躍」「働き方改革」などによって、正社員改革としての「限定正社員」、残業規制や同一労働同一賃金を促進した。しかし、働き方改革には高度プロフェッショナル制度や裁量労働制の適用業種拡大（付帯決議）なども含まれており、緩やかな時間管理によって過労死をはじめとする労働災害の増加が懸念されている（『中日新聞』2018年6月30日）。

　日本企業においては、役割給の導入やジョブ型への転換が模索されているが、理解のないままに職務遂行能力や人事考課の見直しに着手しているため迷走しているとの指摘もある。

　こうした生きづらさに覆われた日本の労働社会を是正するためにはどうしたらよいか。労務理論学会第33回全国大会では「『失われた30年』と人事労務管理」をテーマに、バブル崩壊以降30年にわたる人事労務管理の変遷が労働者の働き方や生活にどのような影響があったか改めて確認したい。そのうえで昨今議論となっているジョブ型雇用や同一労働同一賃金の動きは「失われた30年」の是正・脱却への処方箋となり得るのか、矛盾はないのか、様々な視点から議論したい。

　新型コロナウイルスの感染拡大によって在宅勤務などの新しい勤務形態も進んだが、フードデリバリーなどギグワーカーの新たな働き方も深刻な問題になりつつあり、労働市場の弾力化は現在進行中で予断を許さない。だからこそこの30年をふまえて未来につながる労使関係や人事労務管理のあり方についても視野に入れた議論を大いに期待するものである。

第33回全国大会プログラム委員会を代表して

浅野　和也

１．なぜ日本は賃金の上がらない国になったのか
——過去 30 年間の雇用・就業の変容を中心に——

Why Has Japan Become a Country Where Wages Do Not Rise?
—Focusing on the Transformation of Employment over the Past 30 Years

伍賀　一道　GOKA Kazumichi

は じ め に

　日本の賃金水準は1997年をピークに四半世紀にわたって低迷している（**図
1**）。これは先進国のなかで例外的である。なぜこのような事態にいたったのか。
この要因と背景、および近年の変化について、人事労務管理との関わりを意識
しつつ過去30年間の雇用・就業の特徴を振り返りながら考えたい。ただし、こ
の間、日本の賃金が一様に低下しているわけではない。後述のごとく、男女別
および雇用形態別にそれぞれ異なる動きを見せている。

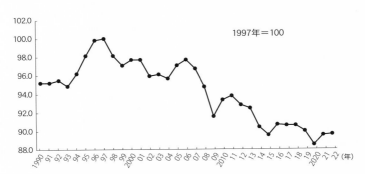

図1　実質賃金指数の推移(現金給与総額)

（注）従業員30人以上の事業所、調査産業計、就業形態計。
（出所）「毎月勤労統計調査」より作成。

　賃金水準の低迷の第1の要因は非正規雇用・半失業の堆積である。これにより労働市場のなかで賃金水準を抑制する力がたえず働いてきた。

　第2の要因として最低賃金制の機能の脆弱さがある。日本の最賃法は企業の支払い能力論を払拭できず、「単身者の必要最低生計費を保障する最賃」という視点が希薄である。最賃額と連動しているパートやアルバイトの賃金は「家計補助的賃金水準」で構わないという観念を払拭できていない。

　第3の要因は賃上げを実現するうえで不可欠の労働運動の機能低下である。春闘を「労使コミュニケーションの場」と位置づける経団連の対応を受け入れている「連合」の姿勢は、スト権を行使して労働条件引き上げを要求している欧米の労働組合と対照的である。

　これらの3つの要因のうち、小論ではおもに第1の点を取り上げる。非正規・半失業の堆積について、① 非正規雇用化と、② 個人事業主（フリーランス）化の2つの軸にそって整理する。1990年代以降、「正規労働者の減少、非正規雇用の増加」が進行したが、近年はこれと並んで個人事業主形態の不安定就業者も増加している。均等待遇原則が労働市場の規範となっていない日本では、事実上の非正規雇用に近い個人事業主に対する労働条件の引き上げ措置が脆弱である。なお小論では個人事業主を「ワーカー」と称する。

I　非正規雇用・半失業の堆積、貧困の連鎖

　まず、1990年代半ばから2010年頃までの約15年間を念頭に、非正規雇用・半失業の堆積、貧困の連鎖について取り上げる。企業の人事労務管理は雇用調整の容易さ、賃金コスト縮小、使用者責任の回避などを目的に、「雇用の弾力化と流動化」を追求してきた。1990年代半ば以降、政府は労働法制の規制緩和（労働者派遣法および職業安定法改正など）と人材ビジネスへの支援によってこれを積極的に支えてきた。とりわけ工場の製造ラインへの派遣労働者の利用解禁（2003年派遣法改正、04年施行）は男性の派遣労働者の増加をもたらした。雇用の弾力

化と流動化を推進するうえで人材ビジネス（労働者派遣、業務請負、民営職業紹介事業など）はカナメの役割を担ってきた。

1 「非正規大国」の出現

「就業構造基本調査」（以下、「就調」）によれば（表1）、1992年から2022年までの30年間に、男女計で195万人の正規雇用が減少する一方、その5倍以上の規模（1000万人余）で非正規雇用が増加した。「役員を除く雇用者」（労働者）に占める非正規雇用の比率は30年間に21.7％から36.9％へ、15.2ポイント上昇した（男性9.9％→22.1％、女性39.1％→53.2％）。

　このような長期にわたる雇用の変化をもたらした基本的要因は、安定した長期雇用システムを崩し、雇用の弾力化と流動化をすすめる労働市場の構造改革にある。派遣労働や有期雇用の拡大に象徴されるように、「雇用の弾力化」によって、人件費の削減と固定費の変動費化を可能にした（日経連「新時代の『日本的経営』」1995年）。

　「雇用の流動化」は、成長産業や新規事業への労働移動がスムーズに行われるように、解雇規制の緩和など、雇用の硬直性を除去することを意味している。それゆえ労働市場の構造改革がもたらす非正規雇用の増加は雇用の不安定化と密接に結びついている。

表1　過去30年間の正規雇用、非正規雇用の増減

（単位：千人）

		1992年→2022年	97年→02年	02年→12年	12年→17年	17年→22年	12年→22年
男女計	役員を除く雇用者	8,620	-309	2,700	2,301	1,386	3,687
	正規雇用	-1,947	-3,985	-1,447	1,404	1,601	3,005
	非正規雇用	10,578	3,616	4,221	899	-216	683
男	役員を除く雇用者	1,069	-912	47	688	60	748
	正規雇用	-2,702	-2,375	-1,603	493	96	589
	非正規雇用	3,780	1,422	1,703	195	-36	159
女	役員を除く雇用者	7,551	603	2,653	1,613	1,326	2,939
	正規雇用	755	-1,610	156	910	1,506	2,416
	非正規雇用	6,798	2,195	2,519	703	-180	523

（出所）「就業構造基本調査」（2022年）長期時系列統計表（第4表）をもとに作成。

　橋本政権（1996〜98年）に始まる一連の構造改革政策によって、大企業の男性正社員を対象としていた日本型長期雇用は大きく揺らいだ。とりわけ97年から2002年までの5年間の男性労働者の変容は劇的であった。わずか5年間で正規雇用が238万人減少した一方で非正規雇用は142万人増加した。女性も同様であるが、正規雇用の減少幅は男性がはるかに大きい（**表1**）。

　バブル崩壊後、不良債権をかかえて経営がゆきづまった企業は中高年労働者の大量リストラや新規学卒者の採用抑制を強めた。この時期に高校や大学を卒業した若者は厳しい就職難に見舞われ、90年代末から今世紀初頭にかけて若者の完全失業率は急上昇した。[1] こうしたなかで、やむなく非正規の職につく者が続出した。「就職氷河期世代」の出現である。

2　雇用と失業の中間形態 ―― 半失業

（1）新自由主義による「労働市場の構造改革」

　21世紀初頭の小泉政権が強行した不良債権処理によって大量の離職失業者が生まれた。政府は、① 非正規雇用（派遣労働者や請負労働者など）の拡大を促進する規制緩和政策を推進するとともに、② 失業時の生活保障を切り下げる政策を相次いで行い（2000年および03年雇用保険法改正による自己都合の離職者に対する失業給付日数の短縮や給付額の減額など）、顕在的失業者を低労働条件の非正規労働者に誘導した。

　こうした結果、非正規雇用の中には半失業状態の労働者が少なからず含まれるようになった。「半失業」はマルクス『資本論』の失業理論で使用されている概念であるが、就業しているものの、その就業は不規則、細切れ的であることなどをいう。労働時間・賃金・雇用に関わる労働基準の適用が不十分で、低賃金や過度労働、あるいは非自発的短時間就労、シフト制労働など、今日の半失業の形態は多様である。半失業状態の労働者は就業者の中に混在しているため，統計を用いてその人数を把握することは容易でない。さしあたり正規職への転換を希望している非正規雇用の多くは半失業と見てよかろう。その数は直

表2　非正規雇用のなかの半失業（男女計）

（単位：万人、％）

	非正規雇用 (A)	うち、「正社員に変 わりたい」と回答 した割合(B)	半失業 A×B/100
2003年	1504	19.4	292
2007年	1735	22.5	390
2010年	1763	22.2	391
2014年	1967	26.4	519
2019年	2173	22.9	498

（注）表示年に厚生労働省「就業形態の多様化に関する総合実態調査」が実施されている。
（出所）A：「労働力調査（詳細集計）」2022年、長期時系列表10-1、B：厚生労働省、上記調査。

近の2019年には500万人近くに上る（表2）。

(2) 人材ビジネス業者による非正規雇用・半失業の動員と配置

このような半失業を創出するうえで、派遣業者や請負業者などの人材仲介業者（人材ビジネス）が重要な役割を演じてきた。人材ビジネス業者は全国各地に営業拠点をもうけて求人情報誌やインターネットを使って求職者を募集し、求人先の生産現場に供給するシステムを構築した。こうした低賃金の派遣・請負労働者の活用によって、製造業大企業は戦後最長の「いざなみ景気」（2002～08年）のもとで空前の利益を享受したが、日本社会の下層にはワーキングプアが多数形成された。企業の富の蓄積とは対照的に賃金水準は低迷を続けた（図1）。

3　就職氷河期世代の困難、貧困の世代間連鎖

労働市場の構造改革は「就職氷河期世代」を生み出し、今なおこの世代に雇用と働き方の困難が集中している。今日、非正規雇用についた理由のなかで、「主に正規雇用の職がないため」という回答の割合（不本意型非正規雇用比率）が最も高いのは40代～50代前半の男性である（「就調」2022年）。この年代の男性は正社員であっても賃金の低下傾向が顕著である（図2）。

氷河期世代の就労の不安定と賃金低下は貧困の世代間連鎖をもたらしている。2002年と22年を比較すると、高校、短大・高専、大学・大学院の在学者数は合計882万人から782万人へ、100万人減少しているにもかかわらず、労働力

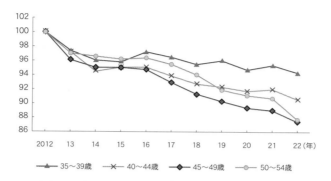

図2　男性・正規・中年層の所定内賃金の分布特性値(中位数)の推移

（注）消費者物価指数で調整し、2012年を基準に指数化した。
（出所）「賃金構造基本統計調査」各年、一般労働者、雇用形態別集計第3表より作成。

人口にカウントされる生徒・学生は67万人増加した（131万人→198万人）。労働力率は10.5ポイント増え、25.3％に上昇した（「労働力調査」）。彼らの親は氷河期世代である。親の所得水準が子の就学状況にも連動し、生活や学費のために働かざるをえない生徒や学生を増やしている。[2]

Ⅱ　安倍政権下の雇用と就業の変容

1　女性の正規化の動き、非正規雇用の階層分化

　日本の賃金水準を抑制してきた労働市場における非正規雇用・半失業はリーマンショック以降どのように変化したか。「就調」によれば、2012〜17年の5年間は、それまでの非正規雇用化に歯止めがかかり、正規雇用化の動きが見られるようになった。ただし、男女で差異が目立っている。この5年間に男性は正規雇用が49万人増えたが、その大半（43万人）は「名ばかり正規雇用」の増加であった。他方、女性は男性とは異なる動きを見せている。「実質的正規雇用」の伸び率は「実質的非正規雇用[3]」の伸び率を若干上回り、女性の実質的非正規率はわずかに減った（表3）。男性とは対照的に女性の正規化がすすんだように

表3 実質的正規雇用、非正規雇用の推移

（単位：千人、％、ポイント）

		2012年	2017年	2022年	2012年→17年	2017年→22年
男女計	役員を除く雇用者①	53,538	55,839	57,225	2,302	1,386
	正規雇用②	33,110	34,514	36,115	1,404	1,601
	うち名ばかり正規雇用③	2,567	3,173	3,256	606	83
	実質的正規雇用④	30,544	31,341	32,858	797	1,518
	非正規雇用⑤	20,427	21,326	21,110	899	-216
	実質的非正規雇用⑥	22,994	24,499	24,367	1,505	-132
	実質的正規率 ④/①	57.1	56.1	57.4		
	非正規比率 ⑤/①	38.2	38.2	36.9		
	実質的非正規率 ⑥/①	42.9	43.9	42.6		
男性	役員を除く雇用者	29,292	29,980	30,040	688	60
	正規雇用	22,809	23,302	23,398	493	96
	うち名ばかり正規雇用	1,707	2,137	2,164	430	27
	実質的正規雇用	21,102	21,165	21,234	63	69
	非正規雇用	6,483	6,678	6,642	195	-36
	実質的非正規雇用	8,190	8,815	8,806	625	-9
	実質的正規率	72.0	70.6	70.7		
	実質的非正規率	28.0	29.4	29.3		
女性	役員を除く雇用者	24,246	25,859	27,185	1,614	1,325
	正規雇用	10,301	11,211	12,717	910	1,506
	うち名ばかり正規雇用	860	1,036	1,093	176	57
	実質的正規雇用	9,442	10,176	11,624	734	1,449
	非正規雇用	13,944	14,648	14,468	704	-180
	実質的非正規雇用	14,804	15,684	15,560	880	-123
	実質的正規率	38.9	39.4	42.8		
	実質的非正規率	61.1	60.6	57.2		

（注1）名ばかり正規雇用＝正規雇用のうち、雇用契約期間に定めがある者＋定めの有無がわからない者
（注2）実質的正規雇用＝正規雇用－名ばかり正規雇用
（注3）実質的非正規雇用＝非正規雇用＋名ばかり正規雇用
（出所）「就業構造基本調査」2012年および17年，第11表／2022年は主要統計表第3表をもとに作成。

見える。女性の正規雇用化は17年以降さらに顕著になっている。

　このように女性の正規雇用化が見られる一方で、非正規雇用に滞留する女性も多い。非正規から正規雇用へ転換可能な層と、非正規雇用に滞留し、非正規職のなかで移動を繰り返す層への階層分化が進んでいる。

2 「雇用によらない働き方」の推進

　民主党政権下（2009〜12年）で労働者派遣制度を改革する措置がとられたが[4]、2012年末に政権に復帰した安倍首相はまたも派遣法を改正して（15年）、派遣先企業が期間制限なしに派遣労働を利用できる仕組みを導入するとともに、「雇用によらない働き方」（ワーカー）を拡大する政策を進めた。働き方改革関連法制定（18年）や高年齢者雇用安定法の改正（20年）などである。「就調」の示す限りでは、安倍政権下で非正規化に歯止めがかかり（ただし派遣労働者は増加）、正規雇用が増えたが、これは個人事業主化が本格化する助走期間でもあった。

III　プラットフォーム労働
—— 不安定就業の今日的形態 ——

1　誤分類された雇用労働者の増加

　安倍政権（2012年12月〜20年9月）のもとでの一連の政策によって、従来型の非正規雇用（パート、アルバイト、派遣労働者、契約社員など）に加えて、ワーカーも増加した。近年はプラットフォームを運営するPF企業の登場によってワーカーの動員がアプリを介して組織的に行われている。コロナ禍はこうした動きを加速した。相次ぐ緊急事態宣言や蔓延防止措置のもとで離職や休業を余儀なくされた労働者は当座の収入を得るため、ウーバーイーツの配達員などとして働いたのである。使用者もこうした副業を奨励した。

　内閣官房「フリーランス実態調査」（2020年3月）はワーカーの人数を462万人、うち本業従事者214万人、副業従事者248万人と試算している。また「就調」も2022年調査ではじめてフリーランス（ワーカー）を調査項目に加えたが、それによるとワーカー（本業従事者のみ）は209万人（男性146万人、女性63万人）であった。いまや本業従事者だけで派遣労働者を上回るまでになっている[5]。従来型の非正規雇用（2111万人）に本業ワーカー（209万人）を加えた広義の非正規就業者の合計数は2320万人（男性810万人、女性1510万人）、有業者総数（6706万人）に占め

る比率は34.6％（男性22.1％、女性49.8％）となった。

　ワーカーの中には雇用労働者と異ならない働き方をしているにもかかわらず、使用者責任を回避するため、使用者が意図的に労働契約ではなく個人事業主扱いにしているケースが少なくない。ワーカーの多くはILOや欧米で問題視されている「誤分類された雇用労働者」である。

2　プラットフォーム労働の問題

　かつては発注業者がネット上で業務の引き受け手を直接募集し、それにワーカーが応募する形態が一般的であったが、今ではPF企業が両者を仲介する形態や、PF企業自身が発注業者から業務を受託し、それをワーカーに委託する形態が増えている。

　PF企業はアプリをとおしてワーカーを求職者リストに登録させることで、産業予備軍の名簿をたやすく入手できる。PFをとおした就労は労働者派遣や職業紹介事業と類似した面があるが、労働法の適用を受けない働き方・働かせ方で、安定した就業機会や収入、就労上の安全の確保などの点で多くの問題をはらんでいる。

（1）失業と隣り合わせのワーカー

　前述の内閣官房調査によれば、「フリーランスという働き方を選択した理由」について（複数回答）、「自分の仕事のスタイルで働きたいため」(57.8％)、「働く時間や場所を自由にするため」(39.7％) が多数を占めている。他方、「フリーランスとして働く上での障壁」については、「収入が少ない・安定しない」という回答が59.0％と、他の選択肢を圧倒している。「就調」(2022年) で300万円以上の年収を得ているワーカーは男性4割、女性は15％にとどまる。このようにワーカーは、これまでの非正規雇用以上に仕事が不安定で、収入も低く、失業と隣合わせの存在である。

（2）ワーカー保護の課題

　労働市場のなかで労働法の適用から不当に排除されているワーカーが拡大す

ると、労働者全体にマイナスの影響を及ぼす。PF労働は労働者派遣事業に対して築いてきた規制を掘り崩す作用もある。派遣法が日雇派遣を原則禁止しているもとで、その抜け道としてPF企業を介したギグワークの利用が広がりを見せている[6]。

　PFによるワーカー化の推進は欧米が先行しており、その対策をめぐって欧米諸国や、ILO、EUで活発に議論しており、ILOはPFをとおして働くワーカーの問題を2025年の総会の正式議題することを決定した。日本では23年4月、「フリーランス保護法」（特定受託事業者に係る取引の適正化等に関する法律）が成立したが、これは下請法などの経済法によってワーカーの保護を図るもので、ILOやEUが課題としている誤分類されたワーカーに対する保護措置は含まれていない。国際水準から周回遅れの内容である。

Ⅳ　雇用と賃金をめぐる新たな動き

1　「就調」2022年結果について

　2023年7月に公表された「就調」22年結果によれば、これまで賃金上昇を抑制してきた労働市場における「非正規雇用・半失業」が特に女性において変化しつつあるように見受けられる。ただし、コロナ禍という特殊要因の影響も考慮する必要がある。

　表1のとおり、17年から22年までの5年間に非正規雇用は22万人減少した一方で、正規雇用は160万人も増えている。このうち151万人は女性が占めている。女性雇用の正規化の傾向は1000人以上の大企業および官公庁などで顕著で、それぞれ60万人、21万人の増である。概して女性の雇用安定化が進んだように見える。名ばかり正規雇用を除外した実質的正規雇用についてもこの5年間に女性は145万人増えている（表3）。

　他方、非正規雇用は男性4万人、女性18万人の減少である。コロナ禍の緊急事態宣言や蔓延防止措置にともなう小売業や宿泊・飲食サービス業などの営業

停止・休業が影響したものであろう。

　では2017年から22年にかけて、特に女性を中心とした正規雇用の増加という「就調」結果をどのように考えればよいだろうか。女性正規雇用の職業別データによれば、専門技術職（57万人増）と、事務職（62万人増）が顕著に増えている。前者では技術者（18万人増）、医師・看護師などの保健医療従事者（17万人増）、社会福祉専門職（10万人増）が、後者は一般事務職（49万人増）が中心である。このような女性の正規化の背景には高齢社会に対応した医療・福祉部門の専門職やIT技術者などの需要増がある。

　産業別に見ると、17年から22年にかけて男性の正規雇用は減少しているにもかかわらず、女性正規雇用が増えた産業として建設業（5万人増）、製造業（22万人増）、運輸業・郵便業（6万人増）、卸売・小売業（5万人増）、金融業・保険業（4万人増）、宿泊業・飲食サービス業（2万人増）などがある。さらに、容易に理解しがたいことであるが、定員管理が厳しい公務部門でもこの5年間で女性正規雇用が8万人増えている（男性は1万人）[7]。これら女性の正規雇用化の急進という「就調」結果についての精査は今後の課題としたい。

2　賃金の変化

　このような雇用の変化は賃金にどのように影響しているだろうか。**図3**は2006年から22年までの一般労働者の所定内賃金の分布特性値（中位数）の推移を示したものである（パートなど短時間労働者は含まれない）。正規雇用および非正規ともに女性で上昇傾向が顕著であるのに比べ、男性・正規雇用の賃金は低下傾向が見られる。

　ただし、一般労働者の所定内賃金の実額における男女間、雇用形態間の格差は厳然として存在している（**図4**）。女性正規雇用は16年間に1.7万円上昇し、22年には月額23.5万円になったが、男性正規雇用の29.1万円にはるかに及ばない。女性非正規雇用は2.1万円上昇したが、17.6万円である。男女間の賃金格差は徐々に縮小しているとはいえ、依然として大きい。同一価値労働同一賃金原

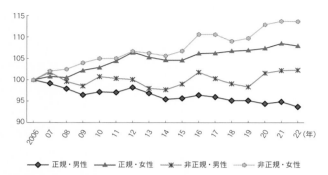

図3　正規・非正規労働者の所定内賃金分布特性値（中位数）の推移（指数化）

（注1）消費者物価指数で調整し、2006年を基準に指数化した。
（注2）一般労働者（産業計、年齢計、10人以上規模企業）を対象。短時間労働者は含まない。
（出所）図2に同じ。

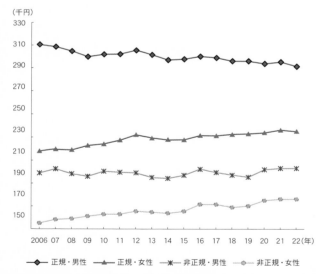

図4　正規・非正規労働者の所定内賃金分布特性値（中位数）の推移

（注）および（出所）図2に同じ。

則が欠如した日本では女性の賃金におけるガラスの天井の打破は難しい。

　他方、男性正規雇用の賃金は2012年以降、低下傾向が顕著である。特に氷河期世代を含む中年層で低下幅が大きい（**図2**）。近年の女性正規雇用の賃金上昇は男性正規雇用の賃金低下を相殺するには到底及ばない。このため日本の実質賃金の低下傾向は若干の凸凹はあるものの、2020年まで変化が見られない（**図1**）。21年以降、わずかに上昇が見られるが、今後の推移を注視したい。

3　むすびにかえて

　小論では日本が賃金の上がらない社会になった要因をめぐって、「就調」を用いて、おもに非正規雇用・半失業に焦点をあてて論じた。同調査によれば、2012年以降、雇用における非正規化に変化が生じつつあるように見える。特に女性において顕著である。高齢社会、人口減少社会が急速に進むもとで、女性や高齢者の労働市場への復帰が迫られていること、とりわけ医療・福祉部門の専門職の需要が高まっていることなどが大きく関わっている。

　だが、こうした結論に必ずしも合致しないデータもある。「労働力調査（詳細集計）」(2022年平均)によれば、「追加就労を希望する就業者」の数は女性が男性を大幅に上回っている（男性65万人、女性130万人）。本人の意志によらない短時間・細切れ的就業を強いられている女性労働者の多さを示しているのではないか。あるいは仕事の確保が困難な個人事業主（ワーカー）の増加を反映していることも考えられる。

　さらに「失業者」に「追加就労希望就業者」や「潜在労働力人口[8]」を加えた広義の失業者は428万人（男性191万人、女性237万人）、広義の失業率は6.2％（男性5.0％、女性7.6％）[9]である。広義の失業者・失業率は女性の方が男性を上回っている。「就調」2022年結果に基づく近年の雇用の変化に関する小論の指摘は就労の全体像を捉えていない可能性がある。考察を継続したい。

● 注

1） 2002年の完全失業率は全年齢5.4％に対し、15〜19歳12.8％、20〜24歳9.3％、25〜29歳7.1％に上昇した（「労働力調査」）。

2） NHKスペシャル取材班『高校生ワーキング・プア——「見えない貧困」の現実——』新潮社、2018年。

3）「名ばかり正規雇用」、「実質的正規雇用」、「実質的非正規雇用」の定義は**表3**の注を参照されたい。

4） 2010年の派遣法改正により日雇い派遣が原則禁止された。また違法派遣を利用した派遣先企業に対して、条件つきで当該派遣労働者を直接雇用したとみなす措置が導入された。

5） 派遣労働者の人数は、厚生労働省「労働者派遣事業の令和3年6月1日現在の状況」では169万人、「就調」（2022年）では152万人である。

6） 拙稿「不安定就業の新局面 ——プラットフォーム労働に着目して——」『経済』2023年6月号、参照。

7）「就調」によれば、2017年から22年にかけて公務部門の女性正規雇用は国家公務、地方公務でそれぞれ2.9万人、4.7万人増加した。男性は2.0万人の増、0.7万人の減である。一方、内閣官房「一般職国家公務員在職状況統計表」によれば、17年の常勤職員数26万5805人（うち女性は5万人）、22年26万9093人（同6万1936人）である。このうち、行政職、行政専門職、税務職に限ると、17年から22年にかけて男女計で3226人増加している。女性1万790人の増に対し、男性は7564人の減である。

8） それぞれの用語の定義は「労働力調査（詳細集計）」を参照されたい。

9） 広義の失業率は「広義の失業者」を分子、「労働力人口+潜在的労働力人口」を分母として算出した。

（**筆者**＝金沢大学名誉教授）

２．プラットフォーム・ワーカーの拡大とその問題点

Expansion of Platform Workers and its Problem

伊藤　大一　ITO Taichi

はじめに

『失われた30年』において、われわれの直面している最大の変化は、人工知能（以下、AIとする）の急速な発展により、労働者を指揮・命令する主体の変化である。つまり、これまで労働者を指揮・命令するのは使用者であり、そのため人事労務関係は労使関係といわれてきた。それが現在、使用者に代わりAI・アルゴリズムが労働者を指揮・命令し、その指揮・命令のもとで労働者が働く。そのため、外観上、労使関係は融解し、労働者は「アプリ（AI・アルゴリズム）を利用する個人事業主」となった。これが仲介型プラット・フォーム・ビジネスである。

　日本で展開している仲介型プラット・フォーム・ビジネスの中心は、ウーバー・イーツ・ジャパン（以下、ウーバーとする）に代表されるフード・デリバリーである。ウーバーのもとで配達業務を担う配達員（以下、配達パートナーないしパートナーとする）は、2019年10月に、自らを個人事業主でなく労働組合法上の労働者であるとし、ウーバー・イーツ・ユニオン（以下、ユニオンとする）を結成し、団体交渉をウーバーに申し入れた。しかし、ウーバーは配達パートナーをあくまでも個人事業主とし、団交申し入れを拒否した。ユニオンはこの事態を受けて、東京都労働委員会（以下、都労委とする）に団交拒否の不当労働行為として提訴した。

その結論が2022年11月に、ウーバー・ジャパンほか一社事件・東京都都労委命令（令4・11・25）（以下、都労委命令とする）である。この都労委命令は、配達パートナーを労組法上の労働者として認め、ユニオンの求める団体交渉をウーバーに命じた［東京都労働委員会 2023］。

　経済学や経営学の分野においては、アメリカのプラット・フォーム・ビジネスやシェアリング・エコノミーの利便性や労働者に与える影響の研究は数多くある［ローゼンブラッド 2019；ベナナフ 2022］。しかし、日本での実態解明、特に労働者に関する研究はほとんどなされていない［連合総研編 2017］。そこで筆者は細部にわたる実態解明を目指し、参与観察による解明を試みた。この調査はウーバーの配達パートナーとして、のべ16日間、稼働時間約34時間、65件の配達をおこなった。この調査によって得た知見をもとに、本稿では、第1に経済学的・経営学的視点からの分析、第2に法学的視点からの分析、第3に労使関係論的視点からの対抗策を模索してみたい。なお、65件の配達件数では、参与観察としては不十分であり、本格的な参与観察に向けた予備調査として、今回の調査を位置づけることを了解願いたい。

I　調査の概要

　本調査は、ウーバーの配達パートナーとして、2023年2月14日から3月28日にかけて、のべ16日間、64件の配達をおこなった。調査場所は大阪市内の数カ所である。実配達時間（商品を持って配達している時間）は約18時間50分であり、アプリ起動時間である総稼働時間（配達帰り道移動時間および待機時間を含む）は約33時間40分であった。この65件の配達でウーバーから得た総報酬は2万9876円であった。その内訳は、配送による報酬である配送報酬2万621円であり、チップ、クエストによる報酬のその他報酬9255円であった。実配達時間を単位とした1時間当たりの報酬は約1590円であり、総稼働時間を単位とした1時間当たりの報酬は約886円であった。調査の概要は**表1**にまとめておいた。

表1　調査概要

延べ稼働日数	16日間	期間中（2023年2月14日から3月28日）
配達件数（キャンセル分含む）	64件	
実配達時間	約18時間50分	配達時間（かえり道分含まず）
総稼働時間（アプリ起動時間）	約33時間40分	配達かえり分、待機時間込み
配送報酬	¥20,621	
その他の報酬	¥9,255	チップ、クエストなど。
総報酬	¥29,876	
1時間単位当たり報酬（実配達時間単位）	約1590円	
1時間単位当たり報酬（総稼働時間単位）	約886円	

（出所）筆者作成。

Ⅱ　経済学的・経営学的視点からの検討

　配達パートナーになるための技能は高い水準を要求されない。必要とされる技能は、スマート・フォンの地図アプリを読みこなし、レストランで商品を受け取り、配達先の注文主まで運搬することである。さらに、配達パートナーになる必要投資も少額である。筆者は自転車で配達し、ウバッグと呼ばれる配達用のバッグとスマートフォンを自転車に固定する器具の2つで約6000円の初期投資であった。

　このようにウーバーの配達パートナーへの参入障壁は低く、誰もが手軽に配達パートナーになれる。これがウーバーのビジネス・モデルであり、ウーバー、注文主、ウーバーに参加するレストラン、配達パートナーの4者で成立するモデルである。この中のウーバーを除いた3者が狭い地域に集中する、つまり都市部において成立するモデルである。この点に、2000年代に問題となった地方の工場へ若年労働者を派遣するビジネス・モデルと大きな違いがある。若年労働者派遣のモデルは、地方に立地する製造業の工場に、主に都市部の若年労働者を派遣労働者として就労させ、リーマン・ショックの到来とともに、解雇し、寮からの退去によって、年越し派遣村に代表されるホームレス問題を引き起こした［松宮 2006］。ウーバーのビジネス・モデルは、都市部住人をその都市で配

達パートナーにするビジネス・モデルであり、「日雇派遣」に近いモデルである。

　配達依頼を受けたパートナーは、自転車ないしは原動機付き自転車等でレストランまで行き、商品をピックアップし、注文主まで配達する。ウーバーの報酬システムはこの都市住民に配達パートナーになってもらうことを促進する報酬システムとなっている。ウーバーの総報酬は大きく配送報酬とその他報酬からなる。配送報酬はさらに基本金額と配達調整金とブーストに分かれ、その他報酬はチップやクエストからなる。まとめると、総報酬＝配送報酬（基本金額＋配達調整金額＋ブースト）＋その他報酬（チップとクエスト）となっている。

　ウーバーの説明によると、基本金額は配達時間と距離で計算され、配達調整金額は道路の混雑状況やピックアップする飲食店で長時間待機を強いられた場合、ないしは雨天などにより配達パートナー減少などの要因により決定されているとしている。その他報酬は、クエストとそしてチップからなっている。チップは先にのべたように少額の釣り銭などである。クエストは1週間などの期間中10回の配達で1000円の追加報酬などのことである。つまり、数多く配達したパートナーの報酬が増大するようになっている。ブーストは、特定の地域の配送報酬の一部である基本金額を10％－60％増加することである[1]。なお、このブーストは2023年11月に廃止された。

　本調査期間中、関空周辺の岸和田市を含むエリアは常に60％増加のブーストとなっていた。このことは、先の述べたウーバーのビジネス・モデルと関わっている。つまり、関空周辺のエリアはコロナ禍低下にともない、訪日外国人客増加によりウーバーの利用が増大しているものと思われる。そのため、配達パートナーとして稼働する人が不足しており、そこに住んでいる住人を配達パートナーになってもらうべく大阪市内中心部よりも高いブーストをかけているものと思われる[2]。

　これらを賃金論としてみると、時間給としての側面の強い基本金額と個人出来高給としての側面の強いその他報酬となっているものと思われる［遠藤2008］。問題となるのは配達調整金額である。この配達調整金額は事実上ブー

表2　ブーストに係わる報酬支払い

	基本金額	配達調整金額	ブースト	配達報酬	備考
ブースト無し	￥142	￥158	￥0	￥300	配達時間13分、配達距離1.4km
ブースト1.1倍	基本金額	配達調整金額	ブースト	配達報酬	配達時間17分、配達距離1.7km
	￥158	￥126	￥16	￥300	

(出所)　筆者作成。

ストを無効化するような機能を果たしており、その内実が不明瞭である。**表2**はブースト無しで配達した時の報酬額と、ブースト1.1倍で配達した報酬額を示している。通常、ブースト1.1倍ならば、基本金額の10％増額された報酬が手に入ると思われる。しかし、ブースト1.1倍時の報酬は、16円のブーストが加算されていたが、配達調整金額がその分減額されており、ブーストのあるなしにかかわらず、配達報酬は同額の300円であった。

　このように配達調整金額は事実上ブーストを無効化している。おそらくこの配達調整金額は、① 傾斜配分のための機能、② 競争環境激化にともなう報酬削減機能、あるいはその両者に関わっているものと思われる。配達調整金額は2021年5月10日におこなわれた報酬システムの変更によって導入された。この変更によって、多くの配達パートナーの収入は減少したと言われている。

　この報酬システム変更前の2020年4月5日付け『毎日新聞』(朝刊) に、斎藤幸平による大阪市内で自転車の配達パートナーとして稼働した記事が掲載された。その記事によると、昼間4時間で9件の配達によって3750円の報酬であったとしている。一件当たり約416円である。筆者の調査では、大阪市内で自転車での配達は一件300円であったので、2021年5月に導入された報酬の変更で配達パートナーの収入はやはり減少したといえよう。なお、配達パートナーの間で配達報酬300円はスリコ (three coinsの略) と呼ばれている。

　さらに、都労委命令の中に、注文主がウーバーアプリを通して注文した際に、レストラン、ウーバー、配達パートナー間での取り分が記載されていた。都労委命令によると、それぞれの取り分は、レストラン (52%)、ウーバー (15%)、配達パートナー (33%) であった。これは、2021年5月に導入された報酬シス

表3　総計1390円（飲食物1190円＋配送料200円）の分配内訳

レストラン	配達パートナー	ウーバー	総計
￥723	￥459	￥209	￥1,391
52%	33%	15%	100%

（注）参考値のために誤差が発生している。
（出所）東京都労委命令［2023］を参考に筆者作成。

テム以前の数値であるが、参考値としてこれを現在のとあるレストランに適用すると次のようになる。このレストランは大阪市内で営業しているカレー店であり、その店長にインタビューをして判明した（2023年3月20日インタビュー実施）。

　注文主がウーバー・アプリを通して、このカレー店にカツカレーを注文すると、カツカレー代（1190円）、配送料（200円）、総計1390円と記される。この1390円に先ほどの、レストラン（52%）、ウーバー（15%）、配達パートナー（33%）の分配比率を適応すると、レストラン（723円）、ウーバー（209円）、パートナー（459円）、誤差が発生するが総計1391円となる。あくまでも参考値であるが、ウーバー・アプリ上の表記として配送料は200円となっている。しかし、配達員の配達報酬は概ね300円であるが、参考値としては459円配分されている。これをどのように捉えるのかが問題となってくる。まとめると**表3**のようになる。なお、ウーバー・アプリで注文すると1190円のカツカレーは店内で注文すると860円であった。

　ここで先ほど触れた配達調整金の機能、① 傾斜配分のための機能、② 競争環境激化にともなう報酬削減機能、に再び戻ってみる。① 傾斜配分のための機能とは、次のようなものである。配達パートナーの報酬として、33%分、先のカレー店の場合だと459円分の中から自転車で近所に配達するパートナーに配達報酬300円を渡し、差額の159円は、雨天時に配達したパートナーやバイク等で遠方に配達するパートナーに対して、クエストや配達調整金額の増額を通して傾斜配分しているのではないか。これが ① 傾斜配分のための機能である。雨天時には当然稼働する配達パートナーが減少する。少しでも多くの配達パートナーを稼働させる誘因として配達調整金額を通して配達報酬を傾斜配分して

いる、と捉える見方である。

　②　競争環境激化にともなう報酬削減機能は、2021年5月の新たな報酬体系の導入により多くのパートナー報酬低下という現象から、同種サービスの参入による競争環境激化によって、パートナーの報酬を切り下げる機能を果たした、このような捉え方である。2023年5月12日付け『日本経済新聞』(朝刊) に、フード・デリバリー業界の成長に陰りが見え、多くの外資系フード・デリバリーが撤退しはじめ、ウーバーをはじめとする4社に絞られてきた、という記事が掲載された。この記事によると、2023年8月から出前館の配達員の報酬引き下げが始まると報じられている。このように競争環境激化から、ウーバーでも配達報酬引き下げが行われた可能性を持つ。

　もちろん、ウーバーによって、レストランからの手数料を変化させたり、値上げによって注文主の負担を増やしたりしている可能性もある。しかし、ユニオンからの聞き取り調査等からこのようなことを確認できなかった、レストランからの手数料変化や利用料の値上げの可能性は低いと思われる。配達報酬決定内容についても、このように様々な可能性を持ちブラック・ボックスになっている。

　ウーバーの経済学的・経営学的視点からの検討を通して、ウーバーのビジネスモデルは、2000年代に問題となった製造工場での違法派遣と大きく異なり、労働力の給源をその当該都市部に求めている。当該都市部に住む住民をウーバーのパートナーにするために、報酬システムが制度設計されており、その報酬は時間給に近い性格を持った基本金額と、パートナー間での傾斜配分などの機能を持つと思われる配達調整金額やブーストなどから構成されている。ただし、現状で報酬はブラック・ボックスになっており、正確なところは不明瞭である。そのブラック・ボックスの内実は、AI・アルゴリズムによって決定されている。仮に団体交渉が開催されるならば、その時に、配達調整金額をはじめとする様々なブラック・ボックスに対して、説明責任が発生し、その内実が明らかにされるだろう。

Ⅲ　法学的視点からの検討

　ウーバーとユニオンとの法的争点は、次のようなものである。ウーバーは、注文主、レストラン、配達パートナー、そしてウーバーの法的関係を次のように主張した。ウーバーは、注文主、レストラン、配達パートナーの3者に、ＡＩによるマッチング機能を有した仲介型サービスおよび付随したサポート業務を提供しているに過ぎない[4]。ウーバーの料金設定は、ウーバーのサービスを使用した時点で、承諾したものであり、その詳しい内容や報酬決定のあり方は営業の秘密であるので開示しない。このウーバーの説明は、仮にウーバーと配達パートナーの関係が正当な請負契約である場合、ないしレストランとパートナーの関係が正当な請負契約である場合、かつパートナーが労働組合法上の労働者に該当しない場合ならば正しい説明となる[5]。

　しかし、配達パートナーによって組織されているユニオンは次のように主張する。ウーバーは単なる仲介型サービスを提供するプラット・フォーマーでなく、事業の主体である。ウーバーとパートナーの関係は、ウーバーの事業に不可欠に組み入れられている労働組合法上の労働者である。よって、ウーバーはユニオンの求める団体交渉に応じなければならない。このユニオンの主張に対して、東京都労委は、ウーバーでなく、ユニオンの主張を認め、ウーバーに団体交渉に応じる命令をだした。現在、中央労働委員会で審理が続いている。

　この問題は労働者性をめぐる問題とされ、「古くて新しい」問題である。この労働者性をめぐる論点は、大きく労働基準法上の労働者と労働組合法上の労働者に分かれている。そして、配達パートナーが労働組合法上の労働者に該当するか、否かが、法的争点となっている。

　労働基準法上の労働者は、労働基準法第9条に、「事業又は事務所」に「使用される者で、賃金を支払われる者」と定義されている。指揮・命令関係への従属関係の有無がポイントとなる。一方労働組合法第3条は、労働者を「賃金、

給料その他これに準ずる収入によって生活する者」と規定している。このように労働組合法上の労働者の方が、労働基準法上の労働者よりも、より広い範囲を労働者とし、失業者やプロ野球選手なども労働者としてきた［西谷 2020］。

　労働基準法上の労働者は、労働基準法の対象となるばかりでなく、最低賃金法や労災保険法など労働基準法を基礎とした労働関係諸法規の対象ともなる。労働組合法上の労働者は、これら労働関係諸法規の対象にならないが、団結権、団体交渉権、行動権を認められている。この考え方の背後に、「経済的に弱い地位にある労働者に団結活動や団体交渉を行うことを認めて対等な立場での労使自治を促そうとする労組法」の趣旨がある［水町 2022：57］。このように労働基準法上の労働者は、指揮・命令関係への従属関係を判断のポイントとする一方で、労働組合法上の労働者は、より広く経済的従属性のみで判定される。

　この労働組合法上の労働者の判断基準について、厚生労働省は、個別の最高裁判所判決を踏まえて、一般的な基準を作成するために労使関係法研究会を2010年に立ち上げ、翌2011年に報告書を公表した。それが労使関係法研究会［2011］である。この報告書によると、(1) 事業組織への組み入れ (2) 契約内容の一方的・定型的決定 (3) 報酬の労務対価性の３点からなる基本的判断要素（経済的従属性を基礎づける事情）、(4) 業務の依頼に応ずべき関係 (5) 広い意味での指揮監督下の労務提供、一定の時間的場所的拘束の２点からなる補充的判断要素（この点があれば労働者性をより肯定するが、なくても労働者性を否定しない）、そして、(6) 顕著な事業者性からなる消極的判断要素（この点が顕著に認められると労働者性は否定される）、この６項目、判断要素３点を総合的に判断して、労働者性を判定するとしている。

　今回の都労委命令は、この労使関係法研究会［2011］の６項目、判断要素３点を枠組みとして、ウーバーとユニオンの争点を整理し、ウーバーでなくユニオンの主張を認め、配達パートナーを労働組合法上の労働者として認定し、ウーバーに団体交渉応諾命令を発した。この６項目判断要素３点から都労委命令の概要を述べたい。(1) 事業組織への組み入れについて、ウーバーの事業におい

て配達パートナーは不可欠の労働力として必要とされており、クエストや、配達パートナーガイドラインなど罰則規定もあり、配達パートナーはウーバーの事業に組み入れられていたと、都労委は判断した。筆者の調査からも、関空周辺のエリアに高いブーストを設定するなど、労働者のリクルートをウーバーは意図的におこなっていた。

　（2）契約内容の一方的・定型的決定について、都労委は報酬の変更など全て一方的にメールで通知されたことを認定した。さらに、ウーバーと配達パートナーとの契約内容として、報酬をめぐって交渉できるとの記述があるが、現実的に交渉する手段はなく一方的にウーバーが決定していたと認定した。（3）報酬の労務対価性について、都労委は配達を完了できなかったときに、飲食店やパートナーに対して、一定のアピージング費用（補償費）を支払っていることを認定した。請負関係なら「仕事の完成」をもって支払い義務が発生する。つまり、ウーバーの報酬は仕事の完成でなく、労務の提供に対する報酬であると都労委は認定した。このアピージング費用は筆者の調査でも確認できた[6]。この3項目が基本的判断要素である。

　（4）業務の依頼に応ずべき関係について、都労委は、配達依頼を頻繁に拒否した場合に明確な罰則の存在を認めなかったが、クエスト等により、配達パートナーの「認識」として拒否しにくい状況であったと認定した。（5）広い意味での指揮監督下の労務提供、一定の時間的場所的拘束について、都労委は明示的な指揮監督下とは認定しなかった。しかし、飲食店において商品をピックアップしたとき、そして注文主に商品を引き渡したときなど、随時ウーバーに報告しており、さらに一連の配達過程においてGPSの監視下にあることから、広い意味での指揮監督下におかれて、配達業務を遂行していたと認定した。この2点が補充的判断要素である。

　（6）顕著な事業者性について、都労委はウーバーのアカウントを登録本人の使用しか認めておらず、他人の労働力を利用し事業を拡張できない点から、顕著な事業者性を認めなかった。仮に、登録したアカウントを登録した本人のみ

でなく、他の者を雇入、事業を拡大できていたならば、顕著な事業性があったと言えよう。それどころか、バイクで配達するパートナーは登録した車両以外で配達するとアカウント停止処分の対象となるなど、ウーバーの強い統制下におかれている。

　以上の6点、3項目から都労委はウーバー・イーツ・ユニオンを労組法上の労働者と認定し、ウーバーに団交を開催することを命じた。この都労委命令は、仲介型プラット・フォームビジネスにおける、最初の労働委員会命令であり、注目を集めた［沼田 2023］。

Ⅳ　労使関係論的視点からの対抗策

　2022年11月に都労委がウーバーに対して団交開催命令をだした。2023年12月現在、中央労働委員会で係争中である。仮に中央労働委員会で団交開催命令がでたとしても、ウーバーは裁判で団交開催命令取り消しを求め争うこともできる。しかし、時間はかかるが、最終的に団体交渉が開催されるものと思われる。その根拠は、次の契約内容の変更である。注4でも書いたが、2022年8月にウーバーは配達パートナーに対して契約内容の変更を通知した。ウーバーは単なるアプリの提供者であり、仲介型サービスの提供者に過ぎないという従来の法的主張を覆し、自らが配達業務を行う主体になったとパートナーに通知した。これにより、事実上、ウーバーは、配達パートナーを、ウーバーのサービスを行うための不可欠な労務の提供者であると認めた。つまり、配達パートナーはウーバーに対して経済的従属下にあることを認めた。よって労働組合法上の趣旨から、ユニオンは労働組合であり、ウーバーは労働組合の求める団体交渉に応じる義務を負う［竹村 2023］。この関係が明確となった。時間はかかるが、いずれ団体交渉は開催されるだろう。

　使用者としてのウーバーの内実は人間でなく、AI・アルゴリズムである。つまりアルゴリズムが人間である配達パートナーに業務指示をだす。「なぜ、

どうして、あの人でなく、この人」に配達指示がでるのか。現在のウーバーで
は、報酬の決定方式も含めてこの内容が開示されることなく、ブラック・ボッ
クスである。しかし、仮に団体交渉開催されたならば、ウーバーは労働組合か
らの問いに答えなくてはならない。配達指示を含めた報酬決定システムは義務
的団交事項であり、誠実団交義務がウーバーに課される。

　個人事業主の問題は、建設業１人親方やバイク便ライダーをはじめこれまで
議論されてきた［阿部 2006；柴田 2017；脇田編 2020］。これらの議論は、低収入、
労働災害、名ばかり個人事業主など、個人事業主の労働問題を議論してきた。
歴史的にみて労働問題に対応するために労働組合が結成され、様々なリスクに
対応しようとしてきた。一般的に言われるように労働組合には総合保険（共済
保険）、集合取引（団体交渉）、法律制定の３機能があるとされている。

　法律制定は今回の報告の対象外であるので除外し、総合保険（共済保険）か
らみていく。[7]総合保険（共済保険）は建設業や開業医など自営業者による国民
健康保険組合（国保組合）に代表される。[8]関西では全京都建築労働組合（京建労）
が建設業の個人事業主を組織し、国保組合を提供している労働組合として有名
である。ウーバーにおいても、ウーバー主導のサポート事業の一環として事故
対応の保険がある。しかし、事故を起こした配達パートナーがこの保険を利用
すると、アカウント停止、複数回繰り返すとウーバーからの永久追放（永久ア
カウント停止）になる。よって、たとえ事故を起こしたとしても、ウーバーに申
告し、この保険制度・補償制度を使う人は少ないと思われる。本来ならば、ユ
ニオンが共済保険の整備を通して、組合員拡大を図るべきである。

　団体交渉であるが、ユニオンはウーバーに対する団体交渉要求内容で報酬制
度について説明を求めている。先に述べたように、ウーバーの報酬体系にはク
エストやブーストなど、ゲームのような要素がある。稼働する場所、天気、イ
ベントの有無などによって売り上げが大きく異なり、配達回数を多く配達すれ
ばするほどクエストによる報酬も増える。

　例えば、筆者の調査では、2023年３月におこなわれたワールド・ベースボー

ル・クラシック（WBC）決勝の日本戦のある時間帯には多くの配達依頼が集中した。このように天候を含めた諸条件を加味し予想を立てて配達業務をすると、ゲームのような感覚を実感できる。バイク便ライダーの参与観察をおこなった阿部［2006］も指摘しているが、ゲームのような感覚を通して、業務にのめり込み、「自己実現系ワーカホリック」になり、交通事故のリスクを高める危険性がある。

ウーバーの配達業務には主に不確実性とも言える多様なクエストを通して、ゲーム感覚を抱く「しかけ」、労務管理手法が存在している。「なぜ、どうして、あの人でなく、この人」に配達指示がでるのか、報酬の算定方式についても明確でない。この不確実性を与えているのは、AI・アルゴリズムであり、まったくのブラック・ボックスになっている。仮に、団体交渉開催されたならばウーバーは、そのアルゴリズムの内実を一定程度組合に開示しなくてはならない。ブラック・ボックスの内実が明かされるのである。

この30年の大きな変化は労使関係の一方の主体として使用者としての人間や企業組織からAI・アルゴリズムに変化したことである。この変化がどのようにわたしたちの未来、働き方にかかわってくるのか、まだ不明瞭である。しかし、労働力商品の取引・使用である限りは労使関係上の課題であることに変わりない。21世紀の最先端テクノロジーに対して、19世紀に確立した労働組合運動がどこまで対抗できるのか、注視していきたい。

おわりに

調査を通して本稿で明らかにした点は次の３点である。第１に、経済学的・経営学的視点から、ウーバーのビジネス・モデルは、2000年初頭に問題となった工場に派遣される派遣労働者と異なり、都市住人を配達パートナーにする点に特徴を持つ。また賃金論としてみた場合は、時間給としての要素の強い基本金額と、個人出来高給としての要素の強いクエストからなり、さらに不透明な

内容の配達調整金からなる。第2に、法学的視点の検討から、配達パートナー
をウーバーは独立自営業者と見なす一方で、ユニオンは労働組合法上の労働者
と主張する点に、法的な争点があった。2022年11月に都労委はユニオンの主張
を認め、ウーバーに対してユニオンとの団体交渉開催を命じた。

　第3にユニオンは団体交渉を通して、報酬体系の明確化、AI・アルゴリズム
の説明などを要求している。労使関係におけるAI・アルゴリズムの使用は労
使関係を大きく変えると言われているが、その内実はブラック・ボックスであ
る。労働組合が、21世紀の最先端技術であるAI・アルゴリズムの内実にどこ
まで迫れるのか。その現段階を本稿は示した。

　残された課題として、ユニオンのメンバーに対する個別インタビューなど今
後行って、どのような社会的バック・グラウンを持った人々がウーバーの配達
員に、なぜ、どうして、どのようにして、なっていったのかを明らかにし、そ
の群像を描きたい。

● 注
1）報酬に関するウーバーHPの説明より（2023年5月5日アクセス）。https://www.uber.
　com/jp/ja/deliver/earnings/delivery-fares/?_csid=XumI4Uuoy9tZVoeypK9UIA&state
　=Ifxp9rP9MqD9kT8MoQn1k8Y9gWj-OmiOKbtHmSvyrXU%3D&effect=
2）ウーバーのHPには説明なかったが、都労委命令には、ウーバーは配達パートナーからア
　プリの使用料として10％の使用料を徴収していると明記している。
3）この記事は斎藤［2023］に収録されている。
4）2022年8月に、ウーバーは契約形式を変更した。ウーバーが飲食店等に配達サービスを
　提供する内容の契約に変更した。ここにおいて、事実上ウーバーは当初の契約関係の説
　明を放棄し、自らが事業主体であることを認めた［竹村 2023］。
5）請負と雇用関係の区別や、偽装請負の問題は非常に複雑な問題である。ここで十分展開
　できないので、さしあたって伊藤［2013］を参照のこと。
6）筆者はウーバーからの依頼があり、商品を受け取りにレストランに到着したところ、急
　遽キャンセルとなったとの連絡を受けた。その後ウーバーから筆者に対して「レストラ
　ン様に到着されていると確認できていますので、補償金として200円を付与させていた
　だきます」との連絡があった。ここで大事なことは次の2点である。第1に、ウーバー
　はGPS機能を使って配達パートナーの位置情報を随時確認している。この点は、フラン

スにおいて就労者とプラットフォーマーとの関係を雇用関係と認めた根拠となっている［沼田 2023］。

第2に、そもそもウーバーの当初の主張では、レストラン、注文主、配達パートナーの3者が事業主体であり、ウーバーは単なる仲介型サービスの提供者に過ぎないというものであった。仮にウーバーが仲介型サービスの提供者であるならば、今回のキャンセル料は、レストラン、注文主、配達パートナーの3者の協議を経て決定されるものであり、ウーバーは何の関係もない。しかし、現実には、ウーバーがキャンセル料を支払っている。つまり、ウーバーは単なる仲介型サービスの提供者でなく、事業主体であるということを自ら認めているのである。

7）2023年4月にフリーランス保護法が成立した（2023年7月時点で施行日は未定）。この法律の対象は独立自営業者であり、労働組合法上の労働性を主張する者への対応は不明瞭である。また法律の内容も、取引条件の明示や育児・介護への配慮などを中心としている。よって、本稿はこれ以上言及しない。『朝日新聞』（朝刊）2023年4月28日付け。

8）厚生労働省の資料によると、国民健康保険組合は、1938年の旧国民健康保険法を根拠として設立された。医師や建設事業者など同一職種（職域）に従事する者を組合員とした国保組合保険者としている。（https://www.mhlw.go.jp/shingi/2005/07/dl/s0729-9f.pdf, 2023年7月24日アクセス）。

● 参考文献

阿部真大［2006］『搾取される若者たち』集英社（集英社新書）。

伊藤大一［2013］『非正規雇用と労働運動』法律文化社。

遠藤公嗣［2008］「職務給と「同一価値労働同一賃金」原則──均等処遇のために（上）──」『労働法律旬報』No.1684。

斎藤幸平［2023］『ぼくはウーバーで捻挫し、山でシカと闘い、水俣で泣いた』KADOKAWA。

柴田徹平［2017］『建設業一人親方と不安定就業』東信堂。

竹村和也［2023］「ウーバーイーツ事件都労委命令の意義」『労働法律旬報』No.2026。

東京都労働委員会［2023］「労働判例：ウーバー・ジャパンほか1社事件・東京都労委命令〈令4・11・25〉」『労働法律旬報』No.2026。

西谷敏［2020］『労働法［第3版］』日本評論社。

沼田雅之［2023］「デジタルプラットフォームを介して就労している「配達パートナー」の労働組合法上の労働者該当性」『労働法律旬報』No.2026。

ベナナフ，A.［2022］『オートメーションと労働の未来』（岩橋誠・萩田翔太郎・中島崇法訳）堀之内出版。

松宮健一［2006］『フリーター漂流』旬報社。

水町勇一郎［2022］『労働法［第9版］』有斐閣。

連合総研編［2017］『働き方の多様化と法的保護のあり方──個人請負就業者とクラウドワー

カーの就業実態から──』連合総合生活開発研究所。

労使関係法研究会［2011］『労働組合法上の労働者性の判断基準について』厚生労働省。

ローゼンブラット，A.［2019］『ウーバーランド』(飯島貴子訳) 青土社。

脇田滋編著［2020］『ディスガイズド・エンプロイメント──名ばかり個人事業主──』学習の友社。

（**筆者**＝大阪経済大学）

３．ジェンダー中立的な賃金制度の実現

Towards the Realization of a Gender-Neutral Wage System

禿　あや美　KAMURO Ayami

は じ め に

　これまで、人事制度は常に議論の対象となってきた。既存の制度にある課題が認識され、その解決策が検討され、新たな制度が適用されてきた。では、現在の雇用制度改革においては、なにが課題と考えられ、その解決策としてどのようなものが挙げられているのだろうか。

　本稿では、現在の日本の雇用制度に内在する課題として、「ジェンダー不平等の解消」を取り上げたい。周知のとおり、日本社会のジェンダー格差は先進国の中でも大きい。その解消は政策課題にもなり、多くの企業でも取り組みがなされてきている。しかし、そうした努力にもかかわらず、格差解消へのスピードは他の諸国と比べると遅い。例えば2003年に内閣府の男女共同参画推進本部が掲げた、「社会のあらゆる分野において、2020年までに、指導的地位に女性が占める割合を少なくとも30％程度になるよう期待する」という目標（いわゆる「202030」）は未達成で、2020年の第５次男女共同参画基本計画ではそれが後退した。なぜ、改善のスピードが遅いのであろうか。そして、なにがジェンダー不平等の解消を阻んでいるのであろうか。これまでの議論で、なにか足りない視点や要素があったのだろうか。

　本稿では、現在の日本的な雇用のあり方が、結果として、働くうえで男女に異なる選択を迫っているという問題意識に基づき、性中立的な、つまり、男女

に異なる選択を迫ることのない人事制度を構築するという視点を、雇用制度を
検討する際に全面化させ、より強力な対策を進めることが、ジェンダー不平等
の解消にあたって必要であると述べたい。そして性中立的な人事制度、なかで
も賃金制度に注目し、性中立的な賃金制度の構築にあたっては、「職務」を軸
に据え、賃金と職務の対応関係を整理し、職務を基軸とした社内制度を整備す
ることが有効なのではないかということを提起したい。

I　ジェンダー不平等の解消は、女性のみの課題ではない

1　ジェンダー不平等の状況

　日本におけるジェンダー不平等の現れ方をまずは確認する。それは第1に
雇用形態の著しい不均衡である。雇用労働者として働く男性のうち、「正規の
職員・従業員」は78.3％、「非正規の職員・従業員」20.8％、女性ではそれぞれ
46.4％、53.6％である（労働力調査、2021年）。近年では定年退職後に再雇用され
るため、男性の非正社員は増えているものの、それでも正社員は男性中心に構
成されていることに変わりはない。日本では、女性が正社員として働き続ける
ことが困難である。そのことによって、第2の課題である女性管理職の少なさ
が生じている。厚生労働省「雇用均等基礎調査」で、2021年の役職別女性管理
職割合をみると、「係長相当職」18.8％、「課長相当職」10.7％、「部長相当職」
7.8％である。2011年の数値はそれぞれ、12.8％、6.3％、5.4％であり、変化の
程度は大きいとは言えない。そしてこの2つの問題が重なり、第3の課題であ
る大きな男女賃金格差の形成[1]につながっている。女性の賃金は、最低賃金額に
近い賃金となる非正社員が多く、多くの場合、ボーナスや退職金も支給対象外
である。そして正社員であったとしても、昇進や昇格しない雇用管理区分（例
えば一般職など）に配属されていることも多く、その賃金は男性に比べると低い。
そしてそれらの結果、第4に、女性の貧困化が起こっている。典型的にはシン
グルマザーと高齢女性の貧困問題は深刻である［中囿 2021］。日本の社会保障

は現役世代への支援が相対的に手薄である。そのため、日々の生活費・住居費・子どもの教育費などのほとんどを、雇用労働から得る賃金によって賄う必要がある。したがって、賃金が生計費を賄うのに十分な水準でないと、生活そのものが立ち行かなくなる。このように、上記の3つの課題と、その結果起こっている第4の課題は、自立し、精神的・身体的に「豊かに」生きていくことが女性には困難なことを示している。

　では、このように女性が「活躍できない」状況のみを、ジェンダー不平等の問題と考えるべきだろうか。日本では、ジェンダー不平等の解消を、いわゆる女性活躍推進に関わる課題としてとらえる傾向にある。確かに女性は雇用労働から排除され、あるいは雇用労働の中でも低い位置にとどめられている。女性がそうした低処遇に縛られずに活躍できる環境を整備することは重要である。しかしそれは本質的な対策とは言えない。女性の低処遇は、「正社員」という働き方から女性が排除されてしまっているために生じている。つまり、女性の問題というよりも、正社員という働き方そのものが偏っていることが問題なのである。問われるべきは、女性ではなく、正社員という既存の働き方を前提とした雇用制度そのものの「偏り」である。

2　ジェンダー化された正社員の働き方

　では、日本の正社員とはどのような存在だろうか。濱口［2009］は、日本型の雇用制度の特徴を「メンバーシップ型」と捉えた。それ以降、このような把握を前提に正社員の雇用を議論することが増えた。それを鶴［2016］は「職務、勤務地、労働時間（残業の有無）が事前に明確に定められていない」無限定正社員と表現している。このように無限定に働き続けることのできる労働者とは、どのようなものであろうか。それは端的に言えば、ケアが免除された家庭責任不在の労働者＝「ケアレス・マン」［久場 2004］である。ケアレス・マンは家事・育児・介護というケアを提供する他者による支えを前提にしている。

　私たちが社会生活を送る上で、自身や家族へのケアの提供が日常的に必須に

もかかわらず、無限定性を特徴とする正社員制度が成立している。このことは、性別役割分業の根強い日本において、正社員という働き方が「男性化」していることを示す。男性は仕事を、女性は家事・育児(そしてそれと両立する範囲での仕事)を、といった、性別によって異なる役割を果たすことを前提とし、それに適合する働き方が制度化されている。男性は、女性に比べれば、労働条件のよい正社員である割合が高く、管理職に昇進できる機会もあり、本人や家族の生活費を賄える相対的な高賃金を得ている。しかし、「メンバーシップ型」雇用の議論にあるように、男性正社員は、企業に強く拘束されている。職務・労働時間・居住地を労働者が自ら選べるのではなく、企業の命令に従わねばならない。多くの場合で恒常的な残業もあり、転勤にも応じなければならない。職務内容も自分では選べないため、自分の専門領域を深め、転職を見据えた自律的なキャリアを構築しようとしても限界がある。近年では日本の正社員のエンゲージメントの低さに注目も集まっている[2]。このような正社員のあり方はリスクでもある[3]。

　つまり、正社員としての働き方が、あまりにも男性稼ぎ主型のジェンダー関係に適合的なものとして固定化されているがゆえに、女性のみならず男性にとっても、働き方に関する「選択肢」が限られてしまっているのである。このように、ジェンダーにこだわって日本の雇用制度を見るならば、男女双方の働き方の偏りが、不平等の原因であることがわかる。

　大沢［1993］は、「性別にこだわる（ジェンダー・センシティブな）」研究を推進することの重要性を提起した。家事・育児・介護等のハンディを背負って労働市場に参入する女性を「特殊」とみるならば、そうした人間の生活に必須な家事等を免除されて労働市場に参入する男性もまた同様に「特殊」であると指摘した。本稿の視点で言い換えるならば、人間の生活に必須な家事等を免除されて労働市場に参入する「正社員」のあり方は、「特殊」な条件に支えられ成り立っている。そして、遠藤［2014］も述べる通り、そうした制度を維持する社会的条件は失われている[4]。それにも関わらず、ジェンダー化された正社員のあり方

は維持され続けているのはなぜなのか、そしてそれはどのようにすれば変えていけるのかを問わねばならない。[5]

Ⅱ　労働者類型ごとに課題を抽出・解決する方策の限界

1．現行の同一労働同一賃金政策と働き方改革の矛盾

　正社員が男性稼ぎ主型のジェンダー関係に適合的なものとして固定化していることによって、雇用のあり方を議論する私たちの視点や「言葉」や認識も、このようなジェンダーにとらわれたものになっているのではないだろうか。その例として、労働者に対する適切な処遇のあり方を議論する際に、労働者の属性や社会的立場をまずは考え、それに見合った策を考えるという傾向が強いことを指摘したい。例えば、両立支援策は、両立を必要とする時期にいる労働者（そしてその対象はさらに育児中の女性）と強く結びつけられ、特別な支援として考えられる。女性が多く雇用される非正社員の処遇は、家計補助的な働き方と賃金水準に強く結びつけられる。学生のいわゆる「ブラックバイト」問題は、学生という属性に見合った家計補助的な賃金水準と、学生という属性に見合わない働き方の不一致が問題とされる。このように、労働者の属性や、社会的な位置づけを前提におき、その位置づけに応じて個別に課題が抽出され、解決策が議論される。

　それを象徴的に示すのが、「ジョブ型」雇用と同一労働同一賃金の議論のあり方である。両者はともに「職務」が労働者の処遇決定に中心的な役割を果たすという、議論の「核」が共通しているにもかかわらず、適用対象ごとに分立され議論されている。「ジョブ型」雇用の議論は、正社員の働き方改革を対象にほぼ限定され、同一労働同一賃金の議論は、非正社員の処遇改善に限定されている。両者を一体的に議論し、検討するという傾向はそれほど強くはない。[6]これによって新たな雇用システムのあり方を展望する際の議論の射程が狭められることになっている。

　実際のところ、政策や人事制度改革の方向性があっておらず、矛盾といいうる状況が引き起こされている。同一労働同一賃金政策は、政策の目的に反して、非正社員の処遇を改善できないばかりか、正社員の働き方改革にも逆行する作用をもっている。というのも、2020年4月施行のいわゆる「パートタイム・有期雇用労働法」では、第8条で ① 職務内容、② 職務内容と配置の変更の範囲、③ その他事情を考慮して、不合理と認められる待遇差を禁じている。② は転勤・配置転換の有無とその範囲の違いが比較されることとされている[7]。そして職務内容と配置の変更とは、企業内で転勤も含めて幅広く配置転換することを示している。これは人材の育成と人材の配置の柔軟性を確保するという日本の正社員を対象とした人事制度を前提としたものである。この判断基準を用いれば、① の職務内容が正社員とパート労働者の間で同じであっても、② の働き方が違えば、特に基本給、賞与、退職金という賃金項目に差があっても不合理とはみなされないこととなる。

　したがって、当初の期待に反して、この枠組みでは、賃金格差を改善する力はほとんどなくなる。多くのパートタイム労働者を活用する企業では、すでにパートタイム労働者の基幹労働力化が進んでおり、正社員とパート労働者の職務内容の同一性が高い［森・浅倉 2010：禿 2022など］。そのような企業では、② の働き方に正社員と非正社員で差をなくしてしまうと、職務内容からは現在の賃金格差の説明がつかなくなってしまう。それを企業が回避しようとするならば、正社員には転勤を前提とすればよいことになる。同じ職務をしていても、異なる働き方が想定されてさえいれば、賃金格差の合理性を厳しく問われることがなく、現状を維持することができるからである。したがって、現在の正社員の無限定性を変更せず、正社員の働き方の過酷さを維持していれば、同じ職務を、半分以下の時給でパート労働者に任せ続けることができてしまう。このように、現在の政策では、雇用形態間の格差改善も、正社員の拘束性を下げる働き方改革も、どちらも実現できなくなっている。同一労働同一賃金を実現するのであれば、① の職務内容の違いとその程度を、職務評価調査等によって

明らかにする手段を追及することが必要であろう。しかしそれを欠いたままである。異なる雇用管理区分に共通して適用できる、処遇を比較する際の軸が必要である。

2　正社員の内部に例外を設けるのではなく、正社員そのものを再定義することが必要

　このように、雇用制度の中核である、正社員の無限定な働き方を前提に置き、労働者の属性と、その生活に必要な賃金水準と、それを可能とする働き方を設定し、雇用管理区分が形成されてきた。そして雇用管理区分ごとに人材の育成や管理のあり方が議論されてきている。現在検討されている「異次元の少子化対策」の文脈で厚生労働省に設置された「今後の仕事と育児・介護の両立支援に関する研究会」の論点案にも同様のことが言える[8]。ここでは「3歳までの子どもがいる社員がオンラインで在宅勤務できる仕組みを企業の努力義務」とされている。この案は「いまは3歳までとしている残業の免除権も、法改正で就学前までに延ばす」内容として報道された[9]。これについて、「子どものいる親のみに『特権』が認められることになるのか」などの批判の声が挙がった。厚労省の研究会論点案のうち、「子が小学校就学以降の両立支援について」の項を見れば、「子が小学校就学以降においては、職場全体での残業のない働き方や柔軟な働き方が進めば、育児のために特化した支援が一律に必要な場面は少なくなると考えられる」といった文言がある。今、支援を必要とする人に対策が適用されるよう、特例制度の適用対象を限定し、速やかな実行をねらってこのような案が作られていると推測することはできる。しかし、本来的には、子どもの有無にかかわらず、全ての労働者を対象に、残業のない働き方や、テレワークを含める柔軟な働き方を「異次元」に追求することが、必要ではないだろうか。

　長時間労働の規制や、女性活躍の推進策も同様である。山本［2021：130］が指摘するように、夫の長時間労働は妻を雇用している企業のワークライフバラ

ンス施策によって可能になっているとも言いうる。そして人員不足と恒常的残業に苛まれる職場では、育児休業や短時間勤務労働は、無限定正社員への追加的な過重労働によってようやく成立している。伊藤 [2018] の「剝奪感の男性化（masculinization of deprivation)」の議論もこの点に関わるだろう。伊藤は「男性たちも、かつて維持していた経済力の喪失や、家庭や職場、地域社会で『何か奪われている』という思いに、無自覚にとりつかれているのではないか。社会の変化、時代の変容に対応できないまま、いいようのない『不満』や『不安感』を多くの男性が抱き始めているように思われる」と述べる。このように、無限定正社員を前提に、それが不可能な人を特定したうえで、それに限って無限定性を解除する、という現在の政策や人事制度改革では限界にきている。

　結局のところ、性別役割分業に適合的な正社員と非正社員のあり方が、労働者間の分断をもたらしている。男性のすべてが仕事のみにまい進できるわけではなく、女性だから家計の補助でよいわけでもない。事前に想定された属性に当てはまらない人々の中で、制度と実際の生活の間で摩擦が生まれやすくなる。

　男性化した（社会が要請する男性らしいあり方に最適化された）正社員や、女性化した（社会が要請する女性らしいあり方に最適化された）非正社員を前提に制度設計しないものを、本稿では性中立的、ジェンダー中立的な人事制度と捉える。そうした制度を構想するには、雇用形態や労働者の属性ごとに、必要な制度や働き方を個別に検討するのではなく、一体的に議論する必要がある。では、労働者の属性や社会的役割ではなく、労働者に共通して用いられ、賃金を決定し比較する際に根拠としても議論できるものは何だろうか。そこで考えられるのは「職務」である。

Ⅲ　職務を軸に据えれば性中立的な制度が構築できるといえるのか

1　職務を軸にした雇用としての「ジョブ型」雇用

　職務を軸に社内の人事制度を構築することがどのような意味においてジェン

ダー中立的な賃金制度につながるといえるのだろうか。まずここでは、禿[2023]
の議論をもとに、「ジョブ型」雇用を、企業内の職務を整理しそれを序列づけ、
職務等級制度をつくり、それをベースに人材の育成や評価に関わる社内の人事
制度を構築したものと定義する[10]。職務等級制度は既存の雇用管理区分の違いを
超えて共通化することができるうえに、単なる限定正社員制度の導入のような
雇用管理区分の多元化とも区別して論じることが可能となる。

　企業内の職務を整理し、それを序列付け、職務等級を作る方法は様々あるが、
一般的には職務評価調査がある。ここからは、職務評価の研究成果の1つとし
て禿［2022］の調査結果を引用し、職務を軸に人事制度、なかでも賃金制度を
構築することが、どのような意味において性中立的な社内環境の整備になると
いえるのか、検討したい。

2　職務評価調査結果の概要

　禿［2022］では、3つの生協を対象に実施した職務評価調査を紹介している。
それは、要素別点数法という職務評価調査であり、異なる職種であっても同じ

表1　本調査で用いた職務評価要素の概要

	ウエイト(%)	評価レベルと得点(点)					最高得点
	100						1,000点
仕事によってもたらされる負担	27	レベル1	レベル2	レベル3	レベル4	レベル5	
1．重量物の運搬などによる身体的負担	8	20	40	60	80	－	80
2．人間関係や仕事に伴う精神的ストレス	9	26	42	58	74	90	90
3．注意力・集中力	10	20	40	60	80	100	100
知識・技能	30						
4．　仕事関連の知識・技能	10	20	40	60	80	100	100
5．コミュニケーションの技能	10	20	40	60	80	100	100
6．計画力・企画力・問題解決力	10	20	40	60	80	100	100
責任	35						
7．商品やサービスに対する責任	10	20	40	60	80	100	100
8．人員の育成・管理に対する責任	10	20	40	60	80	100	100
9．利益目標の実現に対する責任	10	20	40	60	80	100	100
10．経営理念の実現に対する責任	5	20	35	50	－	－	50
労働環境	8						
11．労働環境の不快さ	4	10	20	30	40	－	40
12．労働時間の不規則性	4	12	19	26	33	40	40

（注）禿［2022：224］より引用。

職務評価の要素を用いて比較することが可能なものである。職務評価にあたっては、「知識・技能」、「負担」、「責任」、「労働環境」の４つの観点をさらに12の要素に分解し、それぞれをおおむね５段階にレベル分けした職務評価要素を用いている（**表１**）。労働者の担当している職務の「大きさ」を、職務評価点として算出する。職務評価点は、最低で228点、最高で1000点の範囲で算出される。詳しい調査の手法等の説明は紙数の都合により本稿では省略する[11]。

　表２は、CO４社という、正社員には職能資格制度を適用している生協の、店舗で働く事業所長からパートタイム労働者を対象に実施した職務評価の調査結果と、実際に受け取っている賃金を時給で換算した額をまとめたものである。これをみると、正社員では、役職の序列が上になるに従って、職務評価点も、現在受け取っている賃金（時給）も上昇していることがわかる。これは、職務評価調査によって、既存の社内の役職の序列に応じた職務価値の序列を点数化し、整理することが可能であることを示している。一般に、「メンバーシップ」型の雇用制度をとる日本企業では、職務を軸に処遇を考えることはなじまないと考えられているが、実際に職務評価調査を行えば、役職の序列と職務価値の序列は、すでにある程度一致していることがわかる。職務の序列にもとづく社内等級制度を日本企業で導入することが、水と油のように相性が悪く不可能だ、というわけではない。

表２　生協店舗（CO4社）の役職別に見た職務評価点と時給

		時給（平均）	職務評価点（平均）	時給の比率	職務評価点の比率	是正賃金
パート労働者	一般担当者	1084	484.8	0.43	0.98	2444
	チーフ	1253	584.6	0.50	1.19	2968
正社員	一般担当者	2494	492.4	1.00	1.00	2494
	チーフ	2354	628.0	0.94	1.28	3192
	副店長	2807	715.0	1.13	1.45	3616
	店長	3600	794.3	1.44	1.61	4015

（注）「時給の比率」は正社員の「一般担当者」の時給を１とした場合の比率である。「職務評価点の比率」は正社員「一般担当者」の職務評価点を１とした場合の比率である。「是正賃金」は「一般担当者」の時給を基準に、職務評価点に見合った金額に賃金を是正した場合の時給額である。
（出所）禿［2022：281］より作成。

　他方で、パートタイム労働者の職務評価点は、正社員とあまり変わらないにもかかわらず、時給額は正社員の半分程度にとどまることがわかる。つまりパート労働者の職務内容では、低賃金であることを説明できないことがわかる。このようなことが、職務評価調査より明らかとなる。

3　「ジョブ型」雇用はジェンダー平等の基準を内蔵できるのか？

　では、職務を軸に社内の人事制度を構築する際に、どのような論点が生じるだろうか。表2を参照しながら検討する。結論を先取りしていえば、職務評価結果に基づき賃金を支払うという「ジョブ型」の人事制度を導入しようとするならば、現在のような無限定な「働き方」をやめる必要がある。なぜなら、職務評価結果に基づき賃金額を設定するならば、①職務そのものに内在しない「責任」の違いで賃金格差を正当化することができなくなること、そして、②残業の存在は、職務の序列と賃金の序列のずれを発生させるため、残業がない状態を維持せねば、社内の公平性が保てなくなるからである。

　表2のように、現在の正社員とパート労働者の時給には約2倍の差がある。例えば「チーフ」という役職に着目すれば、現在の正社員の時給は2354円、パート労働者の時給は1253円である。このような時給の差は、一般的には正社員とパート労働者が担っている「責任」の違いで説明される。表1にあるとおり、職務評価調査においても「責任」の違いを含み、両者の職務評価点を算出している。それは「商品やサービスに対する責任」、「利益目標の実現に対する責任」、「人員の育成・管理に対する責任」、「経営理念の実現に対する責任」の4つである。それらの責任を含みつつ、両者の職務評価点を算出すれば、正社員は628.0点、パート労働者は584.6点となる。職務の価値通りに時給を支払う、つまり表2の「是正賃金」になるならば、正社員は3192円、パート労働者は2968円になる。これが職務に見合った賃金である。パート労働者の賃金は、責任の違いを含んだ職務の価値に見合っていない低いものが支払われている。

　では、なぜ現在の賃金格差が生じているのだろうか。職務評価を行うことで

浮き彫りとなるのは、「職務」に直接根差していない、正社員に課されている
ものを、「責任」という言葉で表現してきたこと、そしてその拡張された「責任」
概念に依拠しながら正社員とパート労働者の処遇格差が説明されてきた、とい
う事実である。正社員とパート労働者を比較した際に用いられる「責任の違い」
は、職務評価で用いられる、職務そのものに内在する、いわゆる「ヒト・モノ・
カネ」に対する責任のみならず、「残業する」、「人員不足を穴埋めする」、「転
勤に応じる」といった「働き方の違い」を指していることが多い。そのような
働き方は、「メンバーシップ型」の雇用制度において、正社員が無限定に応じ
るものとして制度化されているものである。このような働き方の違いが、パー
トタイム労働者と正社員の賃金格差を正当化する理由として用いられている。
これは先にみたパート労働政策でも用いられている。しかし、余裕のある人員
構成で事業所を運営していれば、そうした働き方の過酷な状況はそもそも生じ
ない。経営者（管理職）がそのような職場環境を整えるべき責任を持っている。
しかし、現実には、こうした働き方の違いを、「責任」という言葉に置き換え、
正社員の相対的な高処遇を説明する根拠に用いている。このように拡張された
責任概念で処遇格差は合理化されてきたのだが、これは望ましいものだろうか。
これが、職務評価調査によって明らとなる論点の１つである。「メンバーシッ
プ型」の雇用制度では厳密に考えられてこなかった、職務に内在する責任とは
何かを、さらに掘り下げる必要がある。

　２つ目の論点は、残業である。**表２**のように、正社員の役職ごとに職務価値
に見合った是正賃金を、時給のレベルで支払っていても、管理職には割増賃金
が支給されないため、実際の受取総額でみると、職務の価値に見合ったものと
はならない。残業代を支給される一般労働者の賃金総額は、役職者を上回るこ
とになるからである。このように、職務を軸にした処遇制度を構築するならば、
残業がなるべく生じない状態にしなければ、社内の職務の序列と賃金の序列が
一致せず、公平性が保てなくなることがわかる。

　このように考えるならば、現在の「メンバーシップ型」の正社員の働き方こ

そが、職務を基準にした賃金制度と合わないことがわかる。職務を軸に賃金支払いすることを想定するならば、無限定な働き方そのものが、社内の序列構造を乱す要素となる。そのような点において、職務を基軸に社内制度を構築することは、残業がなく、職務に直接関連しない責任を必要以上に労働者に課せられることのない働き方を実現することを、企業に対して要請することになる。そして時間給のレベルで職務の価値に見合った賃金がすべての労働者に保障されるならば、短時間正社員制度の一般化も展望できるようになるだろう。山口[2017] は、労働者1人の1日当たりの生産性の最大化が評価される現在の日本の雇用慣行のものでは、結局のところ、長時間労働をした人のほうが有利になりやすいことを指摘する。そしてホワイトカラーの正社員のうち、男性と女性の課長以上の割合の差を単独で最も説明する変数は、労働時間の差であることを明らかにしている。拡張された責任と、恒常的残業を含む長時間労働は、ジェンダー不平等を助長する。これらを当たり前にせず、むしろ積極的に抑制する方向へ向かいやすくなるのが、職務を軸に人事制度を構築することである。

ま　と　め

　以上の議論をまとめるならば、職務という共通の要素で社内制度を構築すると、① 職務上求められる責任とそれ以外を整理でき、責任概念の無限定な拡張を是正できること、さらに、② 職務価値に見合った賃金支払いを阻む、残業時間をなくす動機が企業の内側で生まれることになる。これによって、③ 正社員の無限定性を縮小でき、労働者に仕事か家庭かの選択を迫る度合いを縮減できる。また、④ 職務価値に見合った賃金支払いという共通した原則で、異なる雇用管理区分間の処遇を統一的に整理することができる。そのため、⑤ ジェンダー中立的な環境を企業内に作り出すことが可能になる。

　もちろん、職務で社内秩序を構築した場合にも課題はある。生活を保障する昇給を保障できないこと、最低賃金による下支えが不可欠なこと、低位の職務

等級への固定化という論点や、性別職務分離そのものは、職務を基準賃金になっただけでは解消できない問題として残される。さらに職務評価の仕組みがジェンダーに非中立的に設計され、実施される可能性もある。加えて本稿では、職務評価結果を用いて、職務等級をどのように構築するか、そしてそれらを人材育成に関する制度や評価に関わる制度とどのように連動させるかについても検討してはいない。これらは今後の研究の課題として残されている。とはいえ、社会が要請するジェンダーのあり方に最適化されてしまった現在の雇用制度を、性中立的なものへと変革する契機が、「職務」軸に置く賃金制度を模索する中に見出せるのではないだろうか。

● 注

1）厚生労働省「賃金構造基本統計調査」の一般労働者（常用労働者のうち短時間労働者以外の者）の男性の給与を100とした場合、女性の給与は77.6となる。

2）この点、ロッシェル・カップ［2015］の日本企業の正社員の状況整理は非常に参考になる。

3）このような労働者像を前提にする企業を、天野馨南子（ニッセイ基礎研究所）は「少子化促進企業」と表現する。「女性が働き続ける時代　専業主婦頼み前提の職場は『少子化促進企業』」『朝日新聞』デジタル版、2023年4月23日。

4）遠藤［2014］は、①長期雇用を可能とする経済成長の根拠となる人口構造にないこと、②長期雇用から得られる製造コストの引き下げなどのメリットがなくなったこと、③女性活用の後進性が製造業からサービス業への転換と知識経済化への対処の足かせとなっていること、④これまで事実上許容されてきた女性への差別と非正規労働者への差別に対する見方が今後厳しくなること、⑤家族の多様化が進展していること、以上5つの観点から、日本型の雇用モデルが成立する社会的条件は失われており、維持することも困難と述べる。

5）ナンシー・フレイザー［2023］は、「資本主義社会は、社会的再生産を経済的生産から切り離して女性の領域とし、その重要性と価値を漠然としたものにする。ところが逆説的なことに、資本主義社会は、公的経済を社会的再生産のプロセスに依存させておきながら、その価値を否認する。この『切り離し、依存しながら、否認する』という何とも奇妙な関係こそ、不安定化の原因だ。」「資本主義経済の生産は単独では成り立たず、社会的再生産に依存している。そのいっぽう、あくなき蓄積への衝動は、資本が－そして私たちが－必要とする再生産のプロセスと能力を不安定化する恐れがあり、それはやがて資本主義経済に必要な社会的条件を周期的に危機に陥れる」と指摘する（106頁）。シンジア・アルッザ他［2020］も参照のこと。

６）禿［2023］はそのような議論の状況を批判的に検討した。

７）厚生労働省「パートタイム・有期雇用労働法のあらまし」(https://www.mhlw.go.jp/content/11900000/000815434.pdf、2023年8月10日閲覧)。

８）「今後の仕事と育児・介護の両立支援に関する研究会」の論点案（https://www.mhlw.go.jp/content/11901000/001096997.pdf、2023年8月10日閲覧)。

９）『日本経済新聞』2023年5月13日（https://www.nikkei.com/article/DGXZQOUA050250V00C23A4000000、2023年8月10日閲覧)。

10）佐藤［2022］は、企業の人事管理システムは、通常、社員格付け制度を土台としてその上に「雇用管理」(仕事と社員の結び付け方等）と、「報酬管理」(賃金決定の仕組み等）が構築され、両者が一体化したもの、と述べる。それを前提に禿［2023］は、ジョブ型雇用とは、職務格付け制度を土台として、雇用管理と報酬管理の制度を構築したものと定義した。

11）詳しくは、禿［2022］第6章を参照のこと。

◉ **参考文献**

アルッザ、シンジア／バタチャーリャ、ティティ／フレイザー、ナンシー［2020］『99％のためのフェミニズム宣言』人文書院。

伊藤公雄［2018］「剝奪（感）の男性化 Masculinization of deprivation をめぐって ──産業構造と労働形態の変容の只中で──」『日本労働研究雑誌』NO.699。

遠藤公嗣［2014］『これからの賃金』旬報社。

大沢真理［1993］「日本における『労働問題』研究と女性：社会政策学会の軌跡を手がかりとして」『社会政策学会年報』37、3～21頁。

カップ、ロッシェル［2015］『日本企業の社員は、なぜこんなにもモチベーションが低いのか？』クロスメディア・パブリッシング。

禿あや美［2022］『雇用形態間格差の制度分析──ジェンダー視角からの分業と秩序の形成史──』ミネルヴァ書房。

───────［2023］「雇用制度に内在するジェンダー格差 ──職務を通して見えるもの──」『日本労働研究雑誌』NO.755。

久場嬉子［2004］「『男女雇用機会均等法』から『男女共同参画社会基本法』まで──『ケアレス・マン（ケア不在の人）』モデルを超えて──」、北九州市立男女共同参画センター"ムーブ"編『ジェンダー白書2 女性と労働』明石書店、16-33頁。

鶴光太郎［2016］『人材覚醒経済』日本経済新聞出版社。

中囿桐代［2021］『シングルマザーの貧困はなぜ解消されないのか 「働いても貧困」の現実と支援の課題』勁草書房。

濱口桂一郎［2009］『新しい労働社会──雇用システムの再構築へ──』岩波書店（岩波新書）。

フレイザー、ナンシー［2023］『資本主義は私たちをなぜ幸せにしないのか』筑摩書房。

森ます美・浅倉むつ子編著［2010］『同一価値労働同一賃金原則の実施システム──公平な賃

　　金の実現にむけて──』有斐閣。

山口一男［2017］『働き方の男女不平等　理論と実証分析』日本経済新聞出版社。

山本大造［2021］「労働時間と生活時間の調和を目指して」、平澤勝彦・中村艶子編著『ワークライフ・インテグレーション』ミネルヴァ書房。

（**筆者**＝跡見学園女子大学）

1．統一論題報告へのコメント

藤井　浩明　FUJII Hiroaki

は じ め に

　第33回全国大会の統一論題のテーマは「失われた30年と人事労務管理」であっ
た。まず「失われた30年」とは何かについて考える必要がある。統一論題の趣
旨文には、「生きづらさに覆われた日本の労働社会」という記述があった。「失
われた30年」とは、生きづらくなった日本の労働社会を指すと考える。

　本大会の統一論題の３つの報告は、「非正社員と不安定就労の拡大」、「正社
員と非正社員の賃金格差」、「正社員の無限定性」といった問題を指摘している。
生きづらくなった日本の労働社会を示す現象には様々なものが存在するが、本
大会の３つの報告と関連するものとして、「低収入層と貧困層の増大」、「仕事
の満足度の低下」がある。賃金の低い非正社員や不安定就労の拡大は「低収入
層と貧困層の増大」につながっており、また、正社員と非正社員の賃金格差や
正社員の無限定な働き方は、「仕事の満足度の低下」につながっている。

　「低収入層と貧困層の増大」の証拠として、年収200万円以下の給与所得者や
貧困就業世帯数が増加していることがあげられる。国税庁「民間給与実態統計
調査」によると、年収200万円以下の民間事業所の給与所得者（１年勤続者）は、
1990年時点では約769万人であったが、2021年では約1126万人に増加している。
また、戸室［2016］によると、貧困就業世帯数は、1992年時点では133万世帯で
あったが、2012年には320万世帯と増加した。またワーキングプア率については、
1992年時点では4.0％であったが、2012年には9.7％と増加した。

　「仕事の満足度の低下」の証拠については、国際比較調査データを分析した

米田 [2021] が「日本人の仕事満足度は、比較対象となる先進国のなかで一貫して最下位である。さらに、この約20年間でどこの国よりも落ち込みが激しかったため、2015年調査では、日本の仕事満足度は群を抜いて低いレベルになっている」と述べている。また、内閣府「平成20年度国民生活選考度調査」をみると、雇用の安定、仕事のやりがい、休日数、収入の確実な上昇といった仕事に関連する項目で「満たされている」と回答した者の割合は1980年代以降減少傾向にある。

　他にも様々な視点から「失われた30年」の問題点を抽出することができるが、本稿では、「低収入層と貧困層の増大」、「仕事の満足度の低下」という問題の要因と解決策を探索することを目的として、3つの報告に対してコメントを述べる。

I　伍賀一道報告について

　伍賀報告では、非正規雇用と半失業の増加・堆積は、賃金水準の引き下げ、雇用の劣化、働き方の貧困をもたらしてきた要因であると指摘している。半失業とは、日雇い派遣や時間決めの細切れ雇用のように、就労と中断を繰り返すような働き方や正規雇用へ転換を希望している非正規雇用を指す。1990年代以降の政府の労働市場改革や人材ビジネス業者は非正規雇用や半失業の増加を促してきた。また、1990年代末から21世紀初頭の就職氷河期や2010年代の「名ばかり正規雇用」の増加は、家計を支える男性中年層の非正規雇用率の増加と正規雇用の賃金低下を招いていることが示されている。

　さらに、近年の現象として、プラットフォーム労働が取り上げられている。これらは「偽装個人事業主」であるとし、労働法の適用がないこと、偽装請負・日雇い派遣に近いこと、ビザの制約なしで国境を越えて仕事が発注できるので、受注競争が熾烈になること、人が労働者を管理するのではなく、アルゴリズムが労働者を支配することで責任があいまいなまま、アプリのアカウントが停止

されるといった問題点が指摘されている。

　1990年代以降の非正規雇用・半失業の増加が雇用全体の劣化と働き方の貧困をもたらしたという主張は説得力があり、賃金水準の低迷の要因は非正規雇用や不安定就労の増加によってかなりの部分が説明できると考える。

　伍賀報告について論点をあげる。それは非正規雇用が何と置き換わったのかという点である。「労働力調査特別調査」および「労働力調査」によると、正規雇用者数は1990年時点で約3488万人であり、2022年時点は約3597万人となっている。1990年からの約30年の間に正規雇用者数が減少している時期はあるが、増加した時期もあり、大きくは変化していない。それに対して、自営業主と家族従業者をみると、その合計は1990年時点で約1395万人であったが、2022年時点は約647万人となっており、大きく減少している。正規雇用が減少し、非自発的な非正規雇用者が増加した時期もあったが、1990年からの約30年間全体でみると、自営業者の減少が大きく、自営業が非正規雇用へ置き換わったとも考えられる。

II　伊藤大一報告について

　伊藤報告では、ウーバーイーツの配達員の参与観察を通じて、配達員の就労と報酬の実態が明らかにされている。仲介型プラットフォームビジネスにおいて、指揮命令・管理の主体はAI・アルゴリズムであり、これが従来の労使関係と大きく変化した点である。AI・アルゴリズムの管理により、業務指示の仕組みはブラックボックスになっており、業務指示・差配がどのように行われているのかは配達員には分からない。また報酬額の決定についても予見できない仕組みとなっている。報酬体系には、交通状況、飲食店での待ち時間、配達員の人数などにより加算される「報酬調整金額」や、配達員の不足する地域にて報酬が増加する「ブースト」が存在する。業務指示と同様、報酬額も予見することは難しい。

こうしたウーバーイーツの配達員の問題点に対して、伊藤報告では、労働組合の団体交渉や保険制度による解決の可能性を示している。団体交渉によって、ブラックボックスとなっている業務指示のアルゴリズムを一定程度明らかにできると指摘している。また、労働組合が提供する保険制度によって、配達員はアカウントの停止の心配がなく、事故などの補償を受けることができると指摘している。

伊藤報告について論点を2つあげる。第一の論点は、労働組合の活動による労働条件の改善の可能性についてである。労働者が集まることが難しい就労形態であり、組合員を増やしていくことは難しいと想定される。こうした就労環境において、労働組合はどのような方法で組織拡大を行えるのかという点である。

第二の論点は、ウーバーイーツの配達員のようなデジタルプラットフォーム労働を副業として活用していく可能性についてである。デジタルプラットフォーム労働は時間と場所が拘束されず、副業として活用しやすい就労形態と考える。本業の労働条件の改善が優先ではあるが、労働者が収入を得られる方法を複数持つことは悪いことではない。

Ⅲ 禿あや美報告について

禿報告では、「正社員＝無限定な働き方」という前提が、多くの女性を正社員から排除しており、そして労働者の属性を前提とした政策には限界があるということが指摘されている。例えば、正社員は無限定であることを前提とすると、両立支援策というのは、特別な支援と見なされる。また、正社員が家計を支えるということを前提にすると、非正社員は家計補助的な賃金水準となってしまう。そして、正社員と非正社員の格差は改善されず、正社員における無限定な働き方の過酷さとリスクも解決されない。よって労働者類型ごとに分けて考えるのではなく、一体的に考える必要があると主張している。

こうした点を踏まえて、禿報告の重要な主張は、ジェンダー中立的な賃金制

度を確立する必要性についてであり、それは職務を軸とした賃金制度である。この制度は処遇の序列や賃金の格差は職務評価点によって決まるという制度であり、この制度によって、正社員の無限定性を解除できると主張している。

　労働者類型ごとに分けて考えるのではなく、一体的に考える必要があるという主張は、「女性が働きやすいと男性が働きやすいは同じである」という主張と解釈できる。残業がない、休日が多い、休暇が取得しやすいといった職場は、女性だけが働きやすい職場ではなく、男性にとっても働きやすい職場といえる。また、正社員の無限定性を変えなければならないという問題意識や、職務評価に基づいて賃金格差が決まるという考え方は、労働者に一定の理解を得られるものと考える。

　職務を軸とした賃金制度を導入する上でどのような課題があるのかという視点から3つの論点を示す。

　第一の論点は賃金水準の決定および引き上げに関する論点である。職務評価点は賃金格差と序列を決めることはできるが、賃金水準を直接決めることはできない。正社員を基準とし、それへ引き上げる方法で適正な賃金水準が試算されていたが、職務価値に対して正社員の賃金が高いという判断にもなりうる。職務評価点による賃金格差の是正は、非正社員の賃金を上げる可能性があるが、正社員の賃金引き下げにつながることもある。

　第二の論点は、定期昇給や諸手当との関係である。多くの企業で、定期昇給や家族手当、住宅手当といった職務とは無関係の昇給制度や手当が存在する。職務を軸とした賃金制度を導入する際には、定期昇給や家族手当、住宅手当をどのように扱うのか。職務給を基本としつつ、属性に基づく給与も残すべきなのか、それとも廃止すべきなのかという点が課題となる。定期昇給や家族手当、住宅手当は、職務を基準とした賃金制度に馴染まないが、現行の賃金体系から大きく乖離する制度は導入が難しい。

　第三の論点は、職務を基準とした賃金制度によって、正社員の無限定性を解除できるのかという点である。仕事量や担当業務の決定、配置・勤務地の変更

に関して、企業側が強い権限を持っていることが無限定性の最大の要因と考える。この強い人事権・指揮命令権を規制しない限り、無限定性を解除できないが、日本の企業が強い人事権・指揮命令権を簡単に手放すつもりはないと推測される。職務を軸とした賃金制度であっても、高い給与さえ払えば、膨大な仕事を特定の労働者に担当させることができ、無限定な働き方は解除されない。職務を軸とした賃金制度に加えて、仕事量や配転に関する指揮命令権を規制する仕組みが必要と考える。

結びにかえて

　本稿で提示した論点に対して、報告者からリプライをいただいた。その一部を紹介する。この30年間で非正規雇用が何と置き換わったのかという論点については、伍賀氏から、1990年代から2017年にかけての正規雇用の減少を問題視しなければならないこと、コロナ禍で「労働力調査」の回答率が低下し、データの正確性に疑問があることが指摘された。[2] プラットフォーム労働を副業として活用していく可能性については、伍賀氏より、空き時間に仕事を担う「スポットワーカー」の実態は日雇い派遣であり、不安定雇用や働き方の劣化を拡大する恐れが大きい。このような副業はディーセント・ワークの実現にとってマイナスであるという問題が指摘された。同じ論点について、伊藤氏からは、伍賀氏と同じ問題は認識しているが、プラットフォーム労働を生きていくための手段と捉え、そこで働く者を保護していくべきという意見が提示された。職務を軸とした賃金制度による賃金水準の引き上げ・維持に関する論点については、禿氏から、法律による下支えが必要であるという見解が示された。例えば、カナダ・オンタリオ州のペイ・エクイティ法は、職務評価に基づく賃金を達成するために賃金額を引き下げることを禁止していることが示された。
　「失われた30年」の原因について、伍賀報告は「非正規雇用の拡大と正規雇用の労働条件の劣化」と「不安定就労の増大」の問題を指摘しており、伊藤報

告は「AI・アルゴリズムによる仕事・報酬の不確実性」の問題を指摘しており、禿報告は「正社員と非正社員との賃金格差」と「正社員の無限定性」の問題を指摘している。日本の労働社会に様々な問題が存在するため、３つの報告は多様な視点からの問題提起となり、共通する要因や解決策を見つけることは難しいが、あえて共通の解決策を述べると、伊藤報告で示された「プラットフォーム労働者の労働組合運動」のように、労働組合による労働者保護が解決策と考える。失われた30年間における人事労務管理の施策の多くは経営視点での施策であった。そういった施策に対して、労働組合の抵抗は脆弱であった。特に正規雇用以外の問題に対する労働組合の規制と抵抗は欠如していた。そうした結果、正規雇用と非正規雇用との処遇格差が解消されないまま、非正規雇用や不安定就労を拡大させてきた。失われた30年間に労働者保護を目的とした法律の改正もあったが、人事労務管理の問題を法律だけで解決することには限界があり、「生きづらさに覆われた日本の労働社会」を変えていくためには、職場における労働組合の規制と抵抗が必要となる。

◉ 注
１）プラットフォーム労働については伍賀報告でも触れられていたが、伊藤報告はプラットフォーム労働に対象を絞った内容であるため、プラットフォーム労働に関する論点は伊藤報告のところに記述した。
２）大会終了後、伍賀氏より次の２編の論文をお送りいただき、コロナ禍における「労働力調査」の疑問点についてご教示いただいた。伍賀一道「コロナ禍の雇用・失業・貧困の動向と労働力調査の問題」『経済科学通信』No.153。伍賀一道「コロナ禍の雇用、失業・半失業の変容——現状と課題——」『労働総研クォータリー』No.122。コロナ禍における「労働力調査」の疑問点については、この２編の論文を参照されたい。

◉ 参考文献
戸室健作［2016］「都道府県別の貧困率、ワーキングプア率、子どもの貧困率、捕捉率の検討」『山形大学人文学部研究年報』第13号，pp.33-53。
米田幸弘［2021］「日本人の働く意味の変化 ——国際比較の視点から——」『日本労働研究雑誌』No.736、pp.51-64。

（**筆者＝**大同大学）

統一論題プレシンポジウム

1. 賃金管理の変遷と役割給・「ジョブ型」雇用

黒田　兼一

2. 企業価値の変化と人的評価への新たな視点

田村　豊

1．賃金管理の変遷と役割給・「ジョブ型」雇用

Transition of Pay Management System and Pay for Role of the Job, Job type employment.

黒田　兼一　KURODA Ken-ichi

は じ め に

　統一論題「失われた30年」とは、バブル経済崩壊以降の30年をさしている。確かにこの30年間、経済回復のないまま悪化の一途であった。国民１人当たり名目GDPの停滞と下落、OECD35カ国中24位に転落した賃金、増加が著しい非正規雇用、これらの結果としてジニ係数は先進国の中で３番目に大きくなった。賃金が上がらなかっただけでなく、格差が拡大し、低所得層に片寄った歪な社会構造となってしまったのである。そこから脱出するにはどうしたらよいのか。最賃の大幅引き上げなど、国の社会政策的な取り組みの必要性はいうまでもないが、企業の人事労務管理の抜本的な改革が不可欠である。人事労務管理の領域は広い。以下では、この賃金管理に焦点を充てて、その変遷を概観し、人事労務管理の是正と改革への糸口を模索する。

I　1992年までの賃金管理

　人事労務管理の一環としての賃金管理とは何か。
　「賃金は、経営者にとって、生産コストを決めるためだけではなく、企業目的を達成するための手段でもある。また労働者にとっては、生活条件を決定す

る基本的なものであるだけでなく、各人の多様な目的を追求する主要な手段である[1]」。賃金は費用的な側面だけでなく、従業員が提供する労働の質や量、労働者の意欲ややり甲斐等の側面にも大きな影響を及ぼすのである。人事労務管理の一環としての賃金管理を考える場合、賃金の水準だけでなく、何を基準に賃金を決めるのかの分析が必要である。つまり、最低賃金法や労働基準法等の規制や市場相場を勘案しながらいくら支払うのかという問題と、従業員の納得性や労働意欲の喚起を狙って何を基準に格差や体系を決めるのかという、この両者を実現するための管理システムの分析が必要である。その際、「労働者を単に抑圧するだけでなく、むしろひきつけて支配する」ことなしには有効に働かせることは出来ないという視点が重要である[2]。人事労務管理の1分野としての賃金管理は、賃金を通して、労働者を企業にひきつけ、仕事に専念させるためのシステムである。この30年間、「賃金管理」システムがどうであったのか、これが問われる必要がある。

　何を基準に賃金が決まっているか、この問題で刺激的な論陣を張ったのは、「ジョブ型雇用」という言葉の生みの親・濱口桂一郎[3]である。実はこの「ジョブ型vsメンバーシップ型」の発想は彼のオリジナルではない。晴山俊雄が欧米と日本を「契約型賃金vs所属型賃金」と分類していた[4]。両氏とも賃金を含む人事労務管理の違いが歴史的・社会的な違いから生まれたことを論じたのである。昨今の「ジョブ型」や「メンバーシップ型」はその中身を問わないまま、イメージだけで語られることが多い。しかし賃金制度は社会的・歴史的な条件の中で生まれたシステムであり、その一部部分のみを取り出すわけにはいかない。賃金を通した人事労務管理、賃金管理の核心の何を基準に賃金を決めるのか、これは労働慣行と法律、労使関係、技術水準と産業構造等を反映したものなのである。

　これらを念頭に、まずは「失われた30年」以前の賃金管理の変遷を概観しておこう。

　敗戦直後から普及した電産型賃金は、戦後復興と労働組合運動の高揚を背景

に、年齢と家族数を基準にした「年齢別生活保障給」であった。それは労働運動の高揚もあったが、それだけではなく、敗戦に伴う荒廃と貧困のなかで、従業員の「生活を維持すること」抜きに生産活動もままならないという特殊な背景があった。それが「労働者をひきつけて仕事に専念させるためのシステム」＝賃金管理の出発点であった。その後の春闘、定期昇給制度、これらを通して年功（年の功）賃金が普及していった。それらもまた、従業員を定着させて仕事に専念させる手段として機能したのである。こうしていわゆる年功賃金が当時の賃金管理システムとして広く深く浸透したのである。

　ところが第1次高度成長を経て、1960年代に入ると先進各国から貿易・資本の自由化が求められるようになった（1963年GATT12条国から11条国へ、64年IMF8条国へ、OECDへ加盟）。第1次高度成長は、外資の制限や高い関税障壁を設けるなど、国家的な保護の下で実現したのであるが、ここに来て日本企業は初めて外国資本と競争関係に突入することになったのである。そこで日本企業は国際競争を意識してコストダウンに向けた生産性向上と合理化を追求した。賃金管理からみれば、年功制の一掃と労働意欲向上のための賃金制度が求められたのである。当時の日経連はこれを「職務給」の導入で解決しようとした。「職務給制度は、職務本位、仕事中心の客観的且つ公平な思想に立つことにより／…中略…／適材適所、人事行政の公正化を達成せしめ以って生産性向上に寄与するもの」であると[5]。だが、これは実現しなかった。賃金の決定基準を「年齢」から「仕事」に変えることに労働者と労働組合は反発した。なぜか。「アメリカの経験をそのまま直輸入する傾向が強く」、「昇進や仕事差別で新たな支配が復活する」ことを怖れたからである。強引に導入したところでも、狙い通りには機能しなかった。こうした苦悩を経て出来上がったのが賃金決定基準を「職務遂行能力」とした「職能給」であった。

　「職能給」は賃金の決定基準を単純に「職務」ではなく、それを遂行する「能力」においたわけだから、年齢や勤続年数とは違うが、ヒトの属性＝「ヒト基準」である。しかも導入当初は、勤続年数を考慮しながら（勤続給）、徐々に「能

力」要素割合を増やしていくという形をとっていた (年と功)。賃金の決定基準を、学歴や勤続年数だけでなく、また単純な「仕事」(職務) ではなく、仕事をする「能力」におくことによって、個々人の属性や特性に応じた (ヒト基準の) 処遇をすることで、労働者を仕事に専念させようとしたのである。「職務遂行能力」を判定する人事評価に対して、労働組合からの規制や介入がなされないままではあったが、第2次高度経済成長下の春闘を通して、それなりの賃金上昇が実現した。この特殊な背景の下で、「職能給」は、第2次高度成長期とその後の低成長期、バブル経済期を通して、「失われた30年」の前のおよそ30年間、日本の賃金管理の主軸として広く深く浸透した。労働者を仕事に専念させるための賃金決定基準を、各人が担当する「職務」ではなく、各人が獲得している「職 (務遂行) 能 (力)」にしたという事実は軽視されるべきではない。

II　新自由主義とグローバリゼーション、そしてICT「革命」

　1992年のバブル経済の崩壊、この経済破綻が強烈であっただけに、日本ではその対応策に注目が集まった。しかしそれはたんなる景気後退という領域を超えて、それまでの経済政策や企業経営のあり方の根本的な見直しを迫る事態が進行していた。

　まず第1は新自由主義的政策の浸透である。

　1989年に発表されたジョン・ウィリアムソンの論文によれば、IMF、世界銀行、アメリカ政府、ワシントンDCに本拠をおくこの3つの機関が「市場原理主義、新自由主義」的政策を世界各国に浸透させていく必要があると「合意」に達したという。ワシントン・コンセンサスと呼ばれるこの政策はその後グローバル・スタンダードとして各国が追随することになった。他方で、同じ1989年にベルリンの壁が崩壊し、その後、旧社会主義経済圏が一気に市場経済に組み入れられることになった。このわずか4〜5年で自由市場が一気に拡大したのである。こうして80年代末期から90年代初頭にかけて、市場原理主義が地球全体を覆い

尽くすこと（グローバリゼーション）になったのである。

　1990年代以降の第2の大きな変化は、情報通信技術（ICT）の進化と浸透である。

　ウィリアム・ブリッジは「仕事の終焉」という論文のなかで「組織化された労働としての仕事Jobはもはや寿命の尽きた社会的産物」となったと主張した。細分化され断片化された「職務」はもはや不要となったというのである。「（情報）技術は、これまでの反復作業を自動化させ、これまでのような断片化された労働の束（Job）ではなくなり、Jobは無用の長物と化し、脱仕事の世界post-job world が広がってきた」。また賃金管理論の大家・ミルコビッチも次のように言う。「自動車組立現場ではハイテク機械の操作の訓練を受け、チームの仲間とうまく働ける人に取り替えられる[7]」。ICTの普及によって、Jobは無用の長物となり、訓練を受け、仲間とうまく働ける人が必要になるというのである。90年代後半の時期であるからまだきわめて控え目ではあるが、ICTは人間労働を作業機械の操作から制御へと変化させ、そのためには専門知識や分析力と判断力、さらには企画力、交渉力、組織力・調整力を必要とする。別の視角からではあるが、山崎憲もジョブの中の連携や調整、企画や交渉等はAI（ICT）に置き換えることは出来ないから、これらのありかたが組織効率に大きな影響をもたらすと主張する。企業競争力を規定する仕事の中身の大変化は、雇用や賃金のあり方に大きな変容をもたらすことになる[8]。

　こうしてグローバリゼーション（市場構造の変化と市場原理主義の台頭）とICTの浸透という2つの大波は企業に「改革」を求めることになり、熾烈な市場競争に打ち勝つことが至上命令となった。そのために市場の変化とその動向に即座にフレキシブルに対応できる人事労務管理が求められることになった。その具体的な有り様はそれぞれの国の労働慣行や労使関係によって異なる。賃金管理についてみれば、ミルコビッチによれば、アメリカの賃金は職務にリジッドに縛られているから、フレキシブル化に向けて、「仕事基準賃金」Job-based-Payは「ヒト基準賃金」Parson-based-Payに変化しつつあるという[9]。他方で、日本

の場合はどうであったのか。

Ⅲ　成果主義の盛衰と役割給の登場

　グローバリゼーションとICTの大波に立ち向かうための日本企業の基本方針と戦略は日経連報告書『新時代の日本的経営』(1995年) であった。日本は「プラザ合意」以降のバブル経済で浮き足立っていたから、その崩壊のショックが強烈だった。そのため「改革」の中身は、ICTによる仕事内容の変化にどのように対応するかよりは、グローバリゼーションに伴う市場競争の激化への対応の側面が強かった。この「報告書」の随所に、「低生産性部門の過剰人員」、「企業のリストラ、高コスト体質改善」等の文言がみられることに表れている。労使交渉を重視しながら、企業経営のあり方を慎重に検討しながら進めるのではなく、一面的で安易なコスト削減「改革」に走らせる一因となった。

　その象徴的な出来事が「報告書」発表の前年1994年2月に開催された「舞浜会議」である。浦安市舞浜の「ヒルトン東京ベイ」での経済同友会の主力メンバーによる研修研究会である。新聞報道によれば、新日鉄社長・今井敬が「アメリカ流の株主偏重の短期指向では、従業員の技術やノウハウの伝承が失われ企業をダメにする」と主張すれば、他方のオリックスの社長・宮内義彦は「株主利益を重視しなければグローバル競争に勝てない」と反論し、大論争になったという。この論争を経て纏められたのが『新時代の日本的経営』であり、舞浜会議でのバトルは株主重視側の「勝利」となったのである。

　これまでは雇用と賃金 (処遇) がリジッドに「ヒト基準」であったから、これを市場動向に柔軟に対応できる人事労務管理に切り替えていくことが課題とされた。雇用をフレキシブルにするために「雇用ポートフォリオ」が提言された。賃金は「職能・職務・業績 (成果) をベースにした複線型の賃金管理」が提唱された。つまり、年功賃金を一掃するために「成果・業績」を基準にすることでフレキシブル化しようというわけである。

　こうして「成果主義賃金」がブームとなった。だが一時ブームとなったものの、わずか数年で廃れた。厚労省の統計でみると、非管理職層の基本給の決定要素に「成果・業績」を上げている企業は、1998年55.3％、2001年62.3％と増加傾向にあったが、その後は一転して04年50.5％、09年44.4％、12年40.5％、17年39.0％と下落した。

　廃れた原因は多様であろうが、現場の多くの労働者は「成果・業績だけでなく、経験や能力を評価して欲しい」(JIL2005年調査) というのである。処遇基準を「成果・業績」という仕事基準に転換しようとしたが、かつての「職務給」と同様に、それだけでは労働者を仕事に専念させることは出来なかった。原因はここにある。「経験や能力」などを求める労働者に「仕事基準」のみで接ぎ木しても機能するはずがない。

　この成果主義の失敗を経て出てきたのが「役割給」である。それは「成果・業績」を賃金決定に直結させるのではなく、個々の従業員が担当する「職務役割」の遂行度合、それに向けた能力発揮の程度で決める賃金である。ここでいう「役割」とは企業目的達成のために期待されている「使命・任務」のことで、竹内裕は「職務を内容の面から細かくとらえるのではなく、目的の面から概括的にとらえたものが役割です」と絶妙な表現をしている。[11]図1をみると、賃金(＝報酬) が「能力」や「成果」と直結しておらず、また「職務」そのものではなく「職務役割」と結びついていることがわかる。つまりそれぞれ担当している「職務」(仕事) が求める役割（責任）をどの程度遂行し、それに向かってどの程度能力発揮したのか、その人事評価で決める賃金である。「役割等級制度」はそれを制度化したものである。したがって役割給は、正確には「職務役割」で賃金が決まるわけではなく、「役割」への個々人の貢献度や能力発揮度の評価で決まるのであるから、賃金決定基準は「ヒト」の側にあることになる。ただし「職能給」のように潜在能力を含む「能力」ではなく、役割等級上で求められる発揮能力（＝実力＝コンピテンシー）の程度や貢献度であるから、市場動向に十分にフレキシブルに対応可能であるとされている。その経緯は「職務給」導

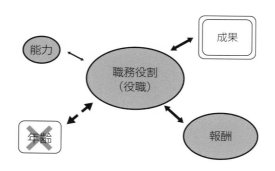

図1　役割給のイメージ

（出所）日本経団連『役割貢献度賃金』2010年、143ページより作成。

入の失敗の後に登場した「職能給」登場の場合に酷似している。石田光男によれば、役割給は「ヒト基準」にとどまりながら「市場」からの要請に応えることができるのであり、それ故に「役割給」が「賃金制度改革の着地点」であるという[12]。同種のことは中村天江も「日本において効果的な人事制度を模索するのであれば、ジョブ型雇用ではなく、役割ベースの人事制度で十分なのです」という[13]。

　その普及度を厚労省の「就労条件総合調査」でみてみると、非管理職層で75％近くまでになっている。成果主義賃金が4割を切っているから対照的ではある。このことは、過去3年以内に賃金改定した企業のうち、2004年前後では「業績・成果に対応する賃金部分の拡大」が42.7％ともっとも高かったが、2017年になると「職務・職種など仕事内容に対応する賃金部分の拡大」が22.0％ともっとも高くなっていることからも確認できる[14]。

　しかし役割給が職能給に代わる賃金管理システムとして、労働者を企業にひきつけて仕事に専念させるための管理システムになるのかどうかを問えば、事実は「失われた30年」である。石田の「役割給が賃金制度改革の着地点」であるという評価にもかかわらず、労働者をひきつけて仕事に専念させる新しい賃金管理として機能しているとは言い難い。何故なのか、この分析こそが問題の

核心ではないか。

Ⅳ　ジョブ型雇用（賃金）

　そして昨今のジョブ型雇用（賃金）である。「これからはジョブ型だ。乗り遅れるな」とばかり、ほとんどイメージのみが先行し、ハウツー本や研修会で溢れている。この用語の提唱者の濱口自身は「おかしなジョブ型論ばかりが世間にはびこっている」と評している[15]。そもそも濱口の「ジョブ型・メンバーシップ型」は、各国の「法的、経済的、経営的、社会的などのさまざまな側面が一体となった社会システム」の比較から出された用語であるから、その部分のみを取り出すわけにはいかない。しかもジョブ型社会の「ジョブ」も、メンバーシップ型社会の「メンバー」も変化している。

　流布されているジョブ型雇用についての大方の理解は「組織に必要な職務を明確化し、個々の職務に対してヒトを採用・配置していく人事管理の手法で、ヒト基準のメンバーシップ型の対極をなす仕事基準の雇用システムである」となろうが[16]、この「職務を明確にする」というのが注意を要する。職務の境界が不分明な現行の組織構造を前提にして、職務を切り出してうまく機能するのか。敢えて職務記述書に書き出した特定職務と隣の特定職務の関係や連携をどのようにするのか。その調整と連携のためにもう１つ別の「職務」なしでは、バグと混乱が続出するだけである。

　こうした課題に立ち向かうのではなく、これまでのメンバーシップ型を「無限定正社員」として、それとの対比で職務を「限定」した雇用をジョブ型雇用だとするものもある。これを拡張して「非正規社員はジョブ型雇用」と規定する論者までいる。

　経団連は2020年の「経営労働政策特別委員会報告」で「『メンバーシップ型雇用』のメリットを活かしながら、特定の仕事・職務、役割・ポストに対して人材を割り当てる『ジョブ型雇用』を各企業にとって適切な形で組み合わせた

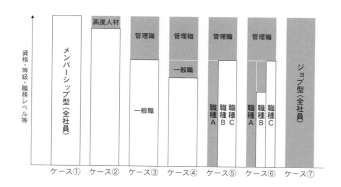

図2　「自社型」雇用システムのイメージ図

（出所）日本経団連『経営労働政策特別委員会報告』(2021年度)、37ページ。

『自社型雇用システム』の確立」を呼びかけた（**図2**）。そのケース⑤や⑥を見ると、特定の専門職をジョブ型としているのであるから、かつての雇用ポートフォリオの「専門能力活用型」そのものである。

　これ以降、21年度は従業員のエンゲージメント（企業への貢献意欲）を強調し、そのためにも「自社型雇用システム」が必要だとした。また22年度もエンゲージメントを強調しながら、キャリア形成やリスキリングの視点からもジョブ型雇用の導入・活用が推奨される。さらに23年度は、社会的に賃上げが期待されていることの反映だろうが、「人への投資」の文言が多用され、「ジョブ型雇用」がエンゲージメント向上、キャリア形成とリスキリングに有効であり、円滑な労働移動を促進することを強調している。

　これらのねらいは何か。経団連の報告書を見る限り、「メンバーシップ型」のメリットを活かしながら、特定の仕事を「ジョブ型」として整理し、それぞれのジョブ毎の「役割」、「責任」で処遇することで個々人の労働意欲と貢献意欲を高め、逆に役割や貢献を果たせなかった者には労働移動を図ろうというものと解せる。

　その「ジョブ型雇用」で推奨される賃金管理をみるとこれまでの「役割給」

と違うところはない。事実、21年度報告書では「人事制度は職務・役割等級制度による運用」が主張され、23年度報告書でも「職務給・仕事給、役割給の導入・活用、職務・役割等級制度による運用」が上げられている。従来までとの違いは、ケース③〜ケース⑥にみられるように、ジョブ型を闇雲に一律に適用するのではなく、比較的若い層は「メンバーシップ型」で処遇し、徐々に「ジョブ型」へ移行させる、これが目指されている。かつての職務給導入や成果主義賃金の失敗の轍を踏まないために、漸進的に進めようとしている。

　こうしてみると、ジョブ型雇用における賃金は欧米のような職務給ではまったくない。多くのジョブ型雇用は、ジョブで賃金が決まるわけではなく、役割や責任に対する人事評価で決める「役割給」なのである。

　ここまでくると「ジョブ型雇用」の狙いが見えてくる。基幹従業員には年功的要素を排除した「役割給」、そして特定専門能力や特定地域・特定時間などを「限定」した疑似正規・非正規雇用への疑似「ジョブ型賃金」≒「役割給」で処遇することで、「エンゲージメント」を高めようということにある。いずれもが賃金決定基準は「ジョブ」ではなく、仕事の「成果」「貢献度」「発揮能力」等の人事評価で決められることになる。

　これらについて「ジョブ型人事制度」に転換した2社のケースで検討してみてみよう。

　住友ゴム工業は2021年4月に「組織の活性化」をめざして管理職約800名を対象に「ジョブ型人事制度」を導入した（**図3**）。上記経団連のイメージ図ではケース③タイプであるが、管理職とは別に専門志向の従業員育成もねらって、マネジメント職とスペシャリスト職の二本立ての「役割等級制度」である。この制度の下で、目標管理制度に基づく「業績評価」と、「期待される行動」（職務遂行）の発揮度（プロセス）を評価する「行動評価」がおこなわれる。この行動評価は期待される行動（企業理念に沿った行動）が強調されている。そして業績評価で「賞与」が決まり、行動評価の結果で役割等級毎に設定された「月給レンジ（範囲）」で「役割給（月給）」が決定されるという。

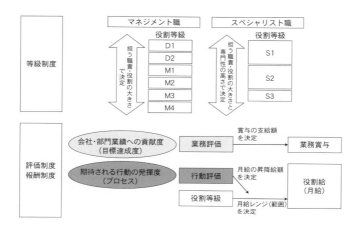

図3　住友ゴム工業の管理職「役割等級制度」

（出所）加藤守和『日本版ジョブ型人事ハンドブック』日本能率協会マネジメントセンター、
2022年、200ページ。

　この住友ゴムの事例は、管理職と専門職に限定された「役割給」ではあるが、業績だけではなく職務遂行の行動評価を組み込み、管理職と専門職の仕事へのエンゲージメント向上をねらったものといえる。

　もう1つの事例、NTTは2021年秋から課長以上の全管理職層を対象に「ジョブ型人事・処遇制度」を導入した。そして2023年4月からは、「自律的なキャリア形成とエンプロイアビリティの高い専門性の獲得」を目指して、これを全従業員に拡大適用した（**図4**）。[19]

　全従業員を16の専門分野毎に、専門性と行動評価に応じてグレード1〜6の6段階に格付けする。その専門性と行動評価基準は16の専門毎に細かく設定されているが、専門性は「○○が出来ている」「知識・スキル」「実務経験」の評価、行動評価は「○○を遂行している」「○○に貢献している」などについて3段階絶対評価でおこなうとしている。「〜ている」という表現で実績の評価をしようというのであろう。そしてどのグレードにも行動評価項目に「チームメンバーとの関係、調整、育成、指導等」が入っていることも看過できない。またグレー

図4　NTTの社員グレード制

(出所)　全労連「『無期転換』『限定社員』に関するインタビュー報告書」2022年12月。

ド１（担当課長）は「ジョブディスクリプション（職務記述書）」を適用するとしているが、それは仕事の内容を記述したものではない。「作業内容ではなく実現すべき内容」だと注記されており、本来の意味とは違っている。またグレード１のさらに上に、「スペシャルグレード」として２段階が設定されている（SG２、SG１）。それは「市場価値の高いスキル、高い業績を発揮する社員」「組織全体に貢献する社員を高く処遇する」ための新たなグレードだという。

　こうした枠組みの上で、昇格と賃金等の処遇が決まる。賃金はグレード賃金とグレード昇給が設定されている。後者はグレード内での専門性と行動評価結果による昇給である。また前者のグレード賃金は上位グレードほど高い額を設定するとしている。グレード６〜２はレンジレート賃金であるが、グレード１以上は昇給のないシングルレートである。

　その他、業績評価の結果に基づく「成果手当」と、会社業績に応じて各人の業績評価結果を反映した「特別手当」があるが、いずれも高グレード、高評価に傾斜配分している。

　このNTTのケースを総じて言えば、第１に「ジョブ型賃金」は名ばかりで、「役

割給」そのものであること、第2に年功的運用の排除を目的にいわゆる「コンピテンシー」(=発揮能力、実力) 評価であること、第3に管理職層に適用されているジョブディスクリプションは「職務内容」ではなく、「実現すべき」(果たすべき) 役割と責任を列記したものであること、第4に「社員のやり甲斐や働きがい、エンゲージメント向上」を狙って、上位グレードおよび高評価者に傾斜した配分で、賃金格差がかつてよりも大きくなっていること、第5に各人の賃金は上司による人事評価がこれまで以上に決定的なものとなっていること等の特徴がある。

おわりに

賃金管理の要の「何を基準に格差や体系を決めるのか」の「何を」が変わりつつあるから、アメリカは「職務給・ジョブ型」(=仕事基準)、日本は「年功給」・「職能給」(=ヒト基準)、このステレオタイプの理解も再考が必要である。グローバル化とICTの発達・普及によって、企業競争力を左右する仕事が判断力、交渉力、そして他者との調整と連携力を必要とするものに変わってきたからである。ミルコビッチはアメリカでは「仕事基準賃金job-based-pay」から「ヒト基準賃金person-based-pay」への変化があるという。仕事基準の中にありながらヒト要素を加味したものとして「範囲職務給」が一般化しているし、知識給・技能給も採用されてきた。

これとの対比で日本の場合をみると、まるで真逆である。メディアや一部の研究者は、ヒト基準の年功処遇を一掃して、仕事基準にすべきだとの意見が強い。仕事基準の中身が検討されずに、「ジョブ型雇用 (賃金)」に変えなければ世界から取り残されると主張される。まさにアメリカでの動きとは逆である。

しかし企業の動きの実際は単純ではない。「ヒト基準」から年功要素を取り除いて仕事関連要素の人事評価で決める「役割給」に再編しつつある。これは「仕事」で賃金が決まるわけではなく、各人が担当する「役割」(使命・責任) の達成

度の評価で決まる。だからこそ「役割」には同僚や他者との連携・調整の要素
が含まれている。賃金決定基準は、変化したとはいえ、相変わらず人の側にあ
ることは明かだ。

　賃金管理からみれば、この30年間、「労働者を企業にひきつけ、仕事に専念
させる」賃金管理システムを確立できないまま、自己責任の粗野な「働かせ方」
一辺倒だったのである。その自己責任と粗野な「働かせ方」にメスを入れる必
要がある。

　「役割給」（≒日本的ジョブ型賃金）は、責任と任務の人事評価で決められるのだ
から、その評価制度のあり方が問われなければならない。脱却の道への出発は
ここにある。

　日本では人事評価は経営権事項としてこれまで「聖域」であった。しかし賃
金が人事評価で決められるわけだから、賃金が経営側の専決事項のままでは労
働基準法の「労働条件は、労働者と使用者が、対等の立場において決定すべき
ものである」（第2条）に抵触する怖れがある。ましてや「企業にひきつけ、仕
事に専念させること」、昨今の用語ではエンゲージメントの向上は困難である。
そうだとすれば、これまで労働組合はほとんど手をつけてこなかったが、人事
評価の制度と運用についてきちんと交渉事項として社会ルールにすることに力
を注ぐ必要がある。具体的には、人事評価の利用目的と範囲、評価項目と評価
基準、評価方法などを労使の交渉事項とし、評価結果についての苦情と異議申
し立て制度を設け、当人と経営側との協議をとおして納得と合意を得ることが
重要である[20]。

　人事評価は企業のものではない。その評価結果は個々の労働者の人権である。
国連の人権理事会が「企業と人権」を採択し「人権デュー・ディリジェンス
due diligence」（＝人権遵守のための注意義務・努力義務）を重視し始めた。ところが
人事評価をAIに任せようという動きすらある[21]。人事評価をめぐる問題はこれ
まで以上に重要課題になっている。真っ当な人事労務管理の構築に向けて、労
使双方の努力を期待したい。

● **注**

1）B.Towers(ed.), A Handbook of Industrial Relations Practice,1987,p.219.

2）平尾武久『アメリカの労務管理の史的構造』千倉書房、1995年、15ページ。

3）濱口桂一郎『新しい労働社会』岩波書店（岩波新書）、2009年。

4）晴山俊雄『日本賃金管理史』文眞堂、2005年、319〜325ページ。

5）日経連『職務給の研究』1955年、13ページ。

6）黒田兼一『戦後日本の人事労務管理』ミネルヴァ書房、113〜145ページ。

7）W. Bridge, "The End of the Job", *Fortune*, Sep.19, 1994, Vol.130, pp.62-68. G. T. Milkovich & J. M. Newman, *Compensation*, 7th ed., MacGraw-Hill, 2002, p88.

8）これらのことについては山崎憲の以下の論考から多くの示唆を得た。参照されたい。「持続可能な労務管理を求めて」『21世紀における持続可能な経済社会の創造に向けて』日本経済学会連合、2022年。「AIがもたらす働き方にどう立ち向かうか」『世界』岩波書店、2023年7月。

9）ミルコビッチが上げる「ヒト基準賃金」の具体的なものは、「技能給」Skill-based-Pay、「知識給」Pay-for-Knowledge、「業績給」Pay-for-Performance、「コンピテンシー給」Competency-base-Payである。

10）『朝日新聞』2007年6月16日。

11）竹内裕『日本の賃金』筑摩書房（ちくま新書）、2008年、109ページ。

12）石田光男・樋口純平『人事制度の日米比較』ミネルヴァ書房、2009年、9〜47ページ。

13）中村天江「日本的ジョブ型雇用」、HRM研究所編『ジョブ型VSメンバーシップ型』中央経済社、2022年、142ページ。

14）労働政策研究・研修機構『企業の賃金決定に関する研究』2022年、29〜30ページ。

15）濱口桂一郎『ジョブ型雇用社会とは何か』岩波書店、2021年、ⅱページ。

16）湯元健治『日本的ジョブ型雇用』日本経済新聞出版、2021年、23ページ。

17）経団連『経営労働政策特別委員会報告』2021年版、39ページ。

18）以下、加藤守和『日本版ジョブ型人事ハンドブック』日本能率協会マネジメントセンター、2022年、198〜204ページ参照。

19）以下、NTTの事例は全労連の「『無期転換』『限定社員』に関するインタビュー報告書」（2022年12月）に依拠している。

20）以上、詳しくは前掲拙著、263〜268ページを参照。

21）黒田兼一「AIと人事労務管理」『商学論叢』（明治大学）第104巻第2号、2022年3月。

（**筆者＝**明治大学名誉教授）

2. 企業価値の変化と人的評価への新たな視点

The Transformation of Corporate Value and Emergence of a New
Perspective on Human Evaluation

田村　　豊　TAMURA Yutaka

報告の背景とねらい

　労務理論学会でのプレシンポジウム報告として、本報告に求められた課題は、
「失われた30年」での変化と現状についてのコメントである。そこで本報告で
は2000年代に入っての人的資源について経営側からの評価軸が大きく変化して
きたことを示し、どのような変化が生じ、その背景について検討していく。
　経営者側の人的資源についての認識の変化において特徴的な点は、人的資源
が事業戦略などの企業動向の設計領域と密接に関係づけられ、積極的な投資対
象としての位置づけを与えられてきていることである。また人的資源は今日、
企業の価値創造の中心をなしつつある「無形価値」の中軸に位置付けられてい
る。このような人的資源の位置づけの変化については企業評価の変化と合わせ
て展開を遂げており、企業評価自体の変化の過程についても検討が必要である。
報告では、こうした企業評価の変化の流れにおいて今日注目を集めている統合
報告についても言及する。

I　企業価値の標準化と体系化

　2000年代に入り、イギリスを中心として先進国間における企業評価の方法が

急速に共通化されてきた。共通化の1つとして統合報告と呼ばれる体系的な企業報告の形式が急速に広がりを見せている。こうした企業活動の価値と評価の体系化にとってIIRC（国際統合報告評議会：International Integrated Reporting Council）の影響が大きい。IIRCは2010年7月にイギリスで設立されたことと、短期的な投資回収や株主重視の観点が拡がったことが指摘されている（HRテクノロジーコンソーシアム編［2022：40］、また評価体系の経緯については田村・山崎［2018］を参照）。

　本報告の課題である企業価値について説明を加えれば、企業価値と企業価値に対する評価の見直しは、企業評価の体系化を伴っている。評価体系には2つの契機がその背景にあった。1つは先にも指摘した2008年のリーマンショックである。リーマンショックは周知のようにアメリカにおける株式投資における混乱が背景にあったが、その後、企業の収益性や戦略性について公表開示が不十分であったという認識が広がったことがある。もう1つは、イギリスを中心として1990年代前後から生まれた投資行動に関する再評価への動きであった。このイギリスから発した動きがGRI（Global Reporting Initiative）の活動でありGRIは「サステナビリティ報告ガイドライン」を公表し、現在の統合報告など企業情報開示の動きの1つになった。

　なかでもGRIはNGO組織であるといわれるが、企業の情報開示に関するガイドラインを継続的に公開しており、GRIの示すガイドラインは広範な評価領域を包摂すると同時に企業情報開示にとって標準的な項目を整備することになっている。また適応対象となる領域も石油、農業、金融などのセクターごとに分けられ産業ごとにスタンダードが用意されている（https://www.globalreporting.org/standards/sector-program/）。こうした産業、企業に対しての行われている評価体系について大きくは非財務情報の開示の制度形成の流れとして位置づけられている［伊藤 2021：562-563］。さらに2015年には国連サミットによりSDGs（SDGs：Sustainable Development Goals：「持続可能な開発目標」）が提示され、貧困の撲滅、飢餓の解消など17項目の課題が掲げられ、地球規模での問題解決の動きが生み出されている。17項目の課題には「ジェンダー平等」「働きがいも成長も」「産業と

技術革新の基盤をつくろう」などの経営、仕事上で生じる問題についても含まれており、包摂的構成をとっている。

　本報告が注目する人的資源についてはESGと呼ばれる評価軸が大きな影響を与えている。ESGは「環境・社会・ガバナンス」をそれぞれ指し、先のGRIが企業評価の全体的フレームワークを提示している。それに対して、ESGは企業行動の社会的側面をより特化した評価軸や先のSDGsとの関係では「SDGsが目標であることに対し、ESGはそれを達成するための手段としての意味合いが強い」(内閣府のHPでの説明) とされている。現在ではESGは非財務情報の評価軸として中心に位置するものと評価されており、「ESGを経営・人事に実装する」[岩本・吉田 2022：72]「ESG経営」という名称も広く使用されるようになってきた。

Ⅱ　企業情報開示の整備が生み出す価値評価での社会的標準化

　企業情報の開示についての社会的要請の高まりはもちろん過去の投資行動への企業側の反省でもあり、開示については社会的にも是認され今日の動きとなっていることはうなずける。だがこうした情報開示は同時に、どのような企業情報を開示すべきか、という問題を含むことになる。

　その点で中心的な役割を果たしているのが「統合報告フレームワーク」と呼ばれる報告体系である。先に指摘したようにイギリスを中心とした投資家らによって提示されたこのフレームワークは資本の価値向上をどのように可視化して、投資家の投資行動のガイドとなるかが重要な課題となっている。それと同時に、投資対象である企業のガバナンスの状況を評価する上での基準と評価視点を提示している。そのためフレームワークの機能は企業統治の内容を概観し規制する側面を担うことになる。

　本報告との関係で注目するのは、これら一連の企業情報の開示とその開示方法が"新たな装い"の下に再編されているという点である。その装いとは投資家行動の視点による編成であり、こうした視点の導入により社会的には投資家

的視点から企業活動に対する評価と評価方法が社会的標準化され新たな価値観としての体系を整えていると考えられる。投資家行動の導入とそれに基づいた体系化が図られることで、従来企業活動の実際において基本的行動規範となっていた従業員の権利や待遇、労使関係の状況、人材開発への投資、労働条件などの項目も、各企業の事業計画、企業戦略異との関係から評価されるようになる。そのため現在進行している企業評価についての評価基準の整備は、従来の企業行動の規範や価値観に対しては新たな企業価値の再編という側面がある。例えばSDGsやESGを企業側が重視していることで、顧客だけでなく従業員側からの企業活動への評価が変わっていくことが想定され、再編がもたらす社会的影響については議論が必要だと考えられる。

Ⅲ 「人的資本」と求められる関係性の整理

　企業評価の共通化と評価体系の整備は、人的資源領域にも及び「人的資本」の用語が従来の「人的資源」に替わって登場してきている。現在、岸田内閣の「新しい資本主義」(2022年6月発表) に置いても「人的資本」が用いられ、人的資源についての評価の見直しが進み、リスキリングの提唱と合わせて政策展開が進んできている。

　「人的資本」とは何かについては「人がもつ知識や能力を『価値を生み出す資本』と捉える概念」と定義され [吉田・岩本 2022：33]、現在では多くのビジネス書や実務領域では人的資源に換わって使用されている。こうした「人的資本」の用語において共通するのは人的資源を投資対象としてその特徴を見るという点である。そのため投資主体と想定される企業行動との関係が重視され、コンサルタントからはリーマンショック以降を「フィナンシャルキャピタリズム」から「ヒューマンキャピタリズム」への変化として人的資本の重要性を強調されている [HRテクノロジーコンソーシアム 2022：40]。

　ここで注意を向けたいのは、急速に拡がりを見せている企業評価手段として

今日重要性を高めてきている「統合報告」(書) でも、一貫して人的資源を「人的資本」と呼び、これまでの「資源」の用語を避けていることである。この背景には、IT経済の進展によりITの開発と利用のための人的スキルの重要性が急速に高まり、企業における価値形成の軸が変化したことが指摘できる。この変化は、人を単なる消費対象から投資対象として再評価する必要性を生じさせ、その結果、人材評価の手段として「人的資本」という用語が定着してきたと考えられる。このようなヒトを投資対象として重視する視点は「資本投資」として人材を評価する視点とも共通しており、同時にこうしたヒトへの評価を資本として位置づけるということは「投資成果」という側面を強調することが想定されている (この企業の投資行動と人的資本開示の関係については井垣・井口・森 [2023] を参照せよ)。この投資対象としての側面が強調されるという視点は、企業側から見れば、投資財としての評価となる付加価値の重視をすることが必然となる。

　企業レベルでは人的資本についてどのように受け取られているのか。例えば統合報告書については上場企業300社が発行しており、報告書の発行数は拡大が見込まれ、非財務情報の重視がうかがわれる。その一方では内閣府が示す資料によると「重視すべき項目」として人的投資をあげた比率は投資家が62.0％、それに対して企業側は37.4％に過ぎず、企業側と投資側では人材の位置付けについてはその評価が著しく分かれていることをうかがわせる (内閣知的財産戦略推進事務局 [2021] 資料)。

　また経団連が毎年年初に発表する「経営労働政策特別委員会報告」の2023年度版では「人への投資」を起点としたイノベーションの推進が強調され、成長の成果を賃上げや処遇改善、人材育成に適切に振り向ける、「成長と分配の好循環」を実現する、としている [経団連 2023：2]。経団連の人材についての見解は「働きがいと人的育成」は経営側にとっても重要な経営課題として認知されるようになってきているが、同時に多様な方法による「人への投資」の必要が強調されている。さらに投資対象としての労働力という観点は ① 円滑な労働力移動の推進、② 労働力の多様化、運用多様化の積極的受け入れ、③ ジョ

ブ型とメンバーシップ型を社内的に自社事業のポートフォリオの組み替えとして対応させ、成長が見込まれる事業分野に人材を重点配置するとしている［経団連 2023：57］。つまり人的資源を投資対象であると明確に位置付け、今後の社会的レベルでの企業競争力の構築への基盤を労働力への投資行動と位置付け整備するということである。こうした経団連の見解に対して労働組合側の連合は「大きな転換点」という時代認識を示し「人への投資」としての「賃金引上げ」の必要を強調している（2023年度「経団連労働政策に関する連合見解」：https://www.jtuc-rengo.or.jp/activity/roudou/shuntou/2023/hoka/20230118kenkai.pdf?37）。

　こうして人的資源投資についての視点の転換が労使双方で生じていることを踏まえたとしても、問題となるのは、従来、日本企業の競争力の重要な要素となってきた企業内部での人材育成の機能が、上述してきた人材に対する投資が費用対コスト、投資対付加価値という評価方法で、どれほど正確に評価できるのだろうか。投資家目線の「人的資本」という新たな視点を取り入れ企業行動や人材投資を評価するとしても、日本企業が構築してきた人材の組織的な育成と新たな人的資本投資という考え方の摺り合わせや接合性については、議論はまだはじまっていない。これまでの「労務管理」「人事管理」などとの関係性の整理はこれからの作業と合わせ、人的資本投資やその上で構成される統合報告では、従来の従業員に関する項目が、従業員の権利や待遇、労使関係の健全性、人材開発への投資、労働条件の改善など、非財務的な要素が企業価値に直接影響を与えると認識されるのであり、これらの指標も含めて企業の持続的な価値創造を評価していく必要がある。

Ⅳ　日本における政策的背景
── ITを中心とした競争力再構築に向けて ──

　以上、人的資本の登場について述べてきたが、人的資本の登場が示すのは、企業評価についての新たな方向の打ち出しであることはもちろんであるが、評価

の変更はこれまでの企業行動にも実際にもさまざまな影響を与えている。例えば、日本企業の統合報告の影響の拡大は、日本でもガバナンスの強化の一環として、同時に企業行動の質的変化を評価する視点としても取り上げられてきた。政策的に振り返ると、統合報告で強調された人材の「人的資本」への展開は、安倍政権が打ち出した「失われた30年」への対策として、また対外的にはドイツを中心としたインダストリ4.0への対応という、日本の競争力再構築構想と同軸に載せられた展開された側面がある。従来の人的資源論の考え方を人的資本へと切り替えることで、新たな競争力構造を築くことが狙われている。そうした政策背景が人的資本への切り替えに反映されていると考えられる。

　こうした政策的切り替えとその流れは、経済産業省が打ち出した2017年の「新産業構造ビジョン」によってその構想が提示され、同ビジョンには日本の国際競争力の低下への危機感と政策的対応の概観が示されている。競争力再生の軸となるのがIT領域における国際競争力の強化であり、そのための人的資源再構築が重要な政策課題とされている［産業構造審議会 2017］。政策では人材の育成は日本が世界から大きく水を空けられており、IT領域の競争力構築にとって、人材育成と高度化は必須であり、人材は重要な競争力戦略の投資対象として重視されている。IT人材の再構築にとって「長期勤続」、「企業内労働力育成」といった、従来の日本の経営的慣行に沿った人材育成方式では再編には時間がかかると想定され、大きな見直しが求められているとしている。見直しのためには日本企業だけでなく新たな競争力再構築と進める上でも大学などの高等教育機関でのIT人材育成が不可欠と認識され、さらにジョブ型雇用による職務切り替えの短縮化、社会的規模での労働力流動化が国レベルの点からも重要性を増しているとし、ITを軸とする競争力再構築の必要を「人的資本」と合わせて打ち出している。こうした政策展開は来たる「インダストリ5.0」社会への準備とされている。

　同ビジョンの公表は2017であったが、それ以前にすでにIT、DX向けた政策転換の動きは生まれており、すでに2015年前後には経済産業省は産業構造審議

会での議論をはじめられ、日本での株主側と企業との対話、人的資本、統合報告の骨格を打ち出したいわゆる「伊藤レポート」の作成を経済産業省が進めたのは2014年であった。こうした日本企業の競争力再生の動きは、実はすでに非正規労働力の利用拡大により事実上進められていたが、正社員側の改革としても「働き方改革」が推進され、改革は企業での人事政策と同時に日本社会の活性化政策として是認されていく。同時に競争力政策が推し進めた歪みを是正する安倍内閣では競争力再構築が生み出す「社会的格差」などの労働力政策的の負の側面を部分的に修正する側面も強調された。

Ⅴ 岸田内閣「新しい資本主義」の特徴

　現在の岸田内閣の政策展開について見てみよう。岸田内閣の特徴は「競争力環境の変化と新たな政策的模索」として、政策の第一に「Ⅰ．資本主義のバージョンアップに向けて」を強調し、新しい日本の競争力環境が企業価値、人的資源についても再評価をもたらすとして「新しい資本主義」を打ち出した点である。政策では、「資本主義の持続可能性と強靱性を高め、全ての人が成長の恩恵を受けられるようにするためには、人的資本蓄積・先端技術開発・スタートアップ育成という、市場だけでは進みにくい分野に対して、重点的に官民が連携が必要」であるとしている。また、「男女間賃金格差の是正等を通じた経済的自立等、横断的に女性活躍の基盤を強化することで、日本経済・社会の多様性を担保し、イノベーションにつなげていく」とする（政策ペーパー、p.3）。

　人材面で同政策は「人的資本」の導入を促進し、同時に人的資本の利用状況を可視化する方向を明確にし、企業での人的資源の位置付けが資本投資の対象として再定義されるような状況を肯定的に捉えている。人材についてのこうした政策認識は人的資源から人的資本への切り替えであり、岸田内閣によって人的資本の導入が政策的にも追求されるようになったということである。具体的には、安倍政権を引き継いだ岸田内閣は「新しい資本主義論」の下、競争力の

軸となる IT などを支えるデジタル人材の強化を重視し、資本主義の持続的強靱化などを謳っている。そのためにもこれまでの男女間での待遇、賃金などの格差是正、社会での多様化の容認が積極的に主張されている。

　また岸田内閣では無形価値を生み出す源泉としても人的資本の位置づけが強調されている。すなわち、DX時代には、競争力の源泉は、従来型の機械設備等のモノではなく、モノよりコト、有形資産より無形資産が重要になっている（政策ペーパー、p.3）。無形資産の形成のためには新たな官民連携により、イノベーションを大胆に推進し、国の経済・社会システムをバージョンアップしていくことが不可欠とする。そのためにはコストカットによる競争から、付加価値の創造を促し、それぞれの能力と経験を生かせる社会を実現するとともに、人への惜しみない投資により、一人ひとりのスキルを不断にアップデートしていくことが重要である、と個人向け投資の重視を強調している。競争力の回復手法としてはデジタル技術の積極的活用を促している（なお無形資産については諸富［2020］、ハスケル／ウェストレイク［2020］などを参照、なお諸富は「労働の非物質化」という視点を打ち出しており［諸富 2020：46］、この発想はエスピン・アンデルセン［2001］が打ち出した「脱商品化」の議論とつながって議論されている）。こうしてDXへの対応として、IT、AI などの進展を含め、SNS などの情報ネットワークの展開が企業成長の重要な領域として位置づけられ、それら成長分野を担う人材の育成、企業内、企業間での再配置が重要だとして、労働力の移動が「リスキリング」の名称で打ち出されている（政策ペーパー、p.43）。

Ⅵ　リスキリングのねらいと社会レベルでの労働力の流動性向上

　リスキリングの展開は、政策では「高まる人的投資の位置＝創造性」が強調されている。社会的に進んでいるDX、GXといった大きな変革の波の中にあって創造性を発揮するためには人の重要性が増しており、人への投資が不可欠（政策ペーパー、p.7）であり、労働力不足時代に入り、人への投資を通じた付加価値

の向上が極めて重要となることが指摘されている。さらに社会的にも、気候変動問題への対応や少子高齢化・格差の是正、エネルギーや食料を含めた経済安全保障の確保といった社会的課題を解決するのは人であり、人への投資は最も重要性を増すとする。こうして人材再構築の課題として、① 自分の意思で仕事を選択することが可能な環境（学びなおし、兼業推進、再就職支援）、② 初期の失敗を許容し長期に成果を求める研究開発助成制度の奨励と若手の支援、③ デジタル人材育成・専門能力蓄積の３点が強調されている（政策ペーパー、pp.6-7）。つまり岸田内閣の「新しい資本主義」では労働力の再構築が、無形資産とITを軸として進んでいくという認識の下、企業成長の重要な課題として認識されている。

　このように岸田内閣の登場によってリスキリングは広く知られるようになった。岸田内閣はリスキリングによる人材再構築の政策的目玉として2022年10月４日「リスキリングに１兆円」という政策の公表となった。こうした岸田内閣のリスキリングの強調と政策は2018年の世界経済フォーラム年次会議通称「ダボス会議」での政策提唱を受けたものであり、さらにEUを中心に広がったマッツカートらが主張するミッション志向のイノベーション政策の展開が影響している［産業構造審議会 2021］。そして統合報告の広がりが示す資本再評価再編の動きと合わせ世界的潮流に対応するものともなっている（政策ペーパー、p.3）。

　このような岸田内閣の「新しい資本主義」政策の下で進められる新たな人材投資の方向は、企業側が求める人材像との摺り合わせがさまざま行われている。例えば、日本経済新聞が中心となって統合報告書の評価コンペを開催し、企業格付けとして利用する「統合報告書」の内容を社会的に評価する、「評価のしくみ」が2020年以降整備されてきた。周知のように企業評価とその格付けについては統合報告以前にも、「SCR」「働きやすい企業」などの各アワードの設定を行うことで評価のしくみを提唱、浸透させてきたが、今日企業評価の体系整備は投資家だけでなく、広く社会的な企業評価軸として利用される環境が整えられてきている。

Ⅶ　人的資本の可視化項目の表示と評価の意味

　2023年3月から内閣府令により人的資本についての可視化項目が公開され、人材育成、エンゲージメント、ダイバーシティなど7分野19項目の領域の情報開示が求められるようになっている。これらの項目はどの項目も、企業における人事政策にとっては基礎的な項目であり、これら項目が有価証券報告書によって開示されることで企業利益が損なわれることは基本的には生じない。

　問題はこれらの項目の開示を企業活動にどのようにプラスに活かし、公表内容を企業評価の向上のためにどのように利用すべきか、経営的に検討される必要がある。例えば「スキル」という項目に対してどのように企業が組織として取り組み、どのような考えを打ち出すか。発信内容は求人のみならず、従業員各員にとって経営側からのメッセージとして理解され、経営の社会的評価に影響を与える要因となるだろう。

　これまで述べてきたように、今日、企業情報の開示については政策的にも整備が進んでおり、経済産業省が伊藤邦雄氏を中心として企業価値評価の体系化と整備を進めてきた。こうした整備は2013年7月に経済産業省内に設置されたプロジェクト「持続的成長への競争力とインセンティブ──企業と投資家の望ましい関係構築──」がその基礎にあり、現在では「伊藤レポート 3.0」まで公表が行われてきた。「伊藤レポート 3.0」では人的資本を企業戦略とどのように連携させるかという視点から評価の重要性を説き、人的資本も含め投資家との対話プラットフォームの開示（価値共創ガイダンス）を強調する。

　伊藤レポートの評価軸は ESGを中心に置かれていると考えられ（経済産業省「伊藤レポート 3.0」）、企業行動、企業 戦略、人的資本などは一連の価値体系に包摂され評価されるしくみが構築されている。「伊藤レポート」の進展はそれと同時に投資家との「対話プラットフォーム」の構築と連動しており、企業経営者側の投資家側との企業評価における両者のズレを修正する役割も担っており、それは企業評価の標準化を推し進めるしくみであり、企業価値評価の制度

化である。

ま と め
── 企業価値に対する評価体系の変化はどのような価値と認知を もたらすのか？ ──

　なぜ現在、新たな企業価値や人的資源が人的資本へと切り替えられようとするのだろうか。その１つの答えとして、企業活動の社会評価が一国レベルを超えて、広くは地球的規模で、個別企業の利害という視点を超えて評価することが社会的に求められるようになった社会状況が背景にある。具体的には、企業評価の軸は現在、SDGs や ESG などの各評価軸が絡み合った構築されている。国連などの国際的な視点からの地球環境保護、社会的公正など、世界的にも共通性を備えている価値観が強調され、人材もその価値観を反映するものとして評価がされる。

　こうした国際機関を通じて打ち出されてきた価値観は、日本にとっては社会的合意形成を外部から促す力として企業に働きかけている。各企業では個別の状況を踏まえつつも、「共通の価値観」については一定の同意を必要としてきている。こうした一種の同調圧力が形成されているが、その背景には投資家、また顧客などの利害関係者との関係構築の内容が、広く企業の社会評価につながっていくという現実がある。例えばインターネットによるSNSの普及は、企業行動で生じるさまざまな情報を拡散させるしくみとなっている。そのため企業レベルでの仕事の遂行においても、従業員側の職場への評価は外部に伝わりやすく、各企業の組織的問題点は社会的な企業の評価と直結してしまう。そのため外部から与えられた企業価値の枠組みに対して、企業は共通の評価軸として受け入れを求められる状況にある。

　問題は、今日の企業価値と企業に対する評価体制が、日本企業の行動様式にどのような影響を与えるのか、検討が必要になっている。すなわち、現在打ち

出されているさまざまな新たな価値評価基準の影響や効果が各企業での企業行動にどのような影響を与え、従業員の意識にはどのような影響を生むのか。また意思決定などにおいてどのような新たな選択を生み出す要素となるのか観察が必要である。もちろん人的資源が「人的資本」へと変化することで、どのような価値観が醸成され、どのように組織的にもかつ個人的にも、組織行動、個人行動に影響を及ぼすのだろうか。さらに今後広がりを見せることが想定されている「ジョブ型」社会の到来を念頭に置けば、ジョブ型職務やジョブ型での働き方が導入される過程で新たな社会的価値観の形成がどのように形成され、これまでの日本企業と日本的組織の統合機能に対して変化を与えるのか。とりわけ日本が構築してきた固有の企業ごとの組織的特性や従業員意識などとの関係において、どのような価値、認知形態を形成させていくのか検討が必要となる。

◉ 参考文献

アンデルセン、G・エスピン［2001］『福祉資本主義の３つの世界』（岡沢憲芙・宮本太郎監訳）ミネルヴァ書房。

井垣強・井口譲二・森洋一［2023］「座談会 可視化指針・好事例から読み解く企業価値向上のための人的資本開示とは」『旬刊経理情報』No.1665。

伊藤邦雄［2021］『企業価値経営』日本経済新聞出版。

HRテクノロジーコンソーシアム編［2022］『経営戦略としての人的資本開示』日本能率協会マネジメントセンター。

田村豊・山崎憲昭［2018］「『人材ポートフォリオ』と経営労務監査の新たな展開――企業経営の展開と HRM の戦略化を図るために――」（社会保険労務士会社労士総研研究プロジェクト報告書）社会保険労務士総合研究機構。

日本経済団体連合会［2021-2023］「経営労働政策特別委員会報告」。

ハスケル、ジョナサン／ウェストレイク、スティアン［2020］『無形資産が経済を支配する――資本のない資本主義の正体――』東洋経済新報社。

諸富徹［2020］『資本主義の新しい形』岩波書店。

吉田寿・岩本隆［2022］『企業価値創造を実現する人的資本経営』日本経済新聞出版。

◉ 主要参考サイト・アドレス（主要な参考先のみ記載）

内閣官房/岸田内閣［2022］「新しい資本主義のグランドデザイン及び実行計画～人・技術・ス

タートアップへの投資の実現〜」(https://www.cas.go.jp/jp/seisaku/atarashii_sihonsyugi/pdf/ap2022.pdf、2023年6月12日閲覧)。

産業構造審議会［2017］「新産業構造ビジョン一人ひとりの、世界の課題を解決する日本の未来 」(https://www.meti.go.jp/shingikai/sankoshin/shinsangyo_kozo/pdf/017_05_00.pdf、2023年6月12日閲覧)。

───────［2021］第1回 産業構造審議会経済産業政策新機軸部会 (https://www.meti.go.jp/shingikai/sankoshin/shin_kijiku/pdf/001_04_00.pdf、2023年6月12日閲覧)。

経済産業省「伊藤レポート 3.0」(SX版伊藤レポート)(https://www.meti.go.jp/press/2022/08/20220831004/20220831004-a.pdf、2023年6月12日閲覧)。

内閣府知的財産戦略推進事務局［2021］事務局説明資料（8月6日）(https://www.kantei.go.jp/jp/singi/titeki2/tyousakai/tousi_kentokai/dai1/siryou4.pdf、2023年6月12日閲覧)。

（**筆者＝**愛知東邦大学）

特 別 講 演

沖縄における子どもの貧困
　　──調査から見えるもの──

　　　　　　　　　　　　　　　　　　　山野　良一

沖縄における子どもの貧困
——調査から見えるもの——

Child Poverty in Okinawa

山野　良一　YAMANO Ryoichi

沖縄における子どもの貧困問題

　沖縄は全国の中で、子どもの貧困への関心が最も高い県の1つだろう。そのきっかけは、当時の故翁長知事のもと2015年に実施された沖縄子ども調査であった（沖縄県ホームページ参照）。この調査は、2つの独立した調査によって構成されており、1つは、各市町村のデータを活用し沖縄県独自の子どもの相対的貧困率を算出した［加藤ほか編著 2017］。結果、貧困率は29.9％と非常に高いものであったことから社会的な耳目を集めた。翁長知事は、この結果を受け就学援助のTVコマーシャルを始めるなど県独自の施策を打ち出し、県民の関心はさらに加速した。

　2015年の調査では、あわせて小中学生の子どもとその保護者に対するアンケート調査を実施し、就学援助の利用状況や食料を買えない経験、進路に関する希望などを尋ね、経済状況別等に分析することで、貧困状況にある子どもや家族の厳しい生活状況を浮かび上がらせた［加藤ほか編著 2017］。さらに、翌2016年以降も、後者のアンケート調査については対象の子どもの年齢を変えながら毎年実施している。小中学生、高校生、乳幼児と3つの年齢層に区分けし、3年に1度の周期で調査を継続してきた。

　子どもの貧困に関するアンケート調査は、全国各地の自治体でも実施されて

いるが、沖縄子ども調査は、他自治体の調査と比較していくつかの特徴がある
と言えるだろう。1つの特徴は、多くの自治体では小中学生のみをターゲット
にして実施している場合が多いが、沖縄の場合、先述のように、乳幼児期、小
中学期、高校生期と、幅広い子育て期の3つのステージに目を向けていること
だろう。

　また、毎年実施してきたことで、(それまでは各自治体でのみ実施されてきた子ども
の貧困調査を) 全国レベルで初めて実施した内閣府「令和3年子供の生活状況調
査」(以下「内閣府調査」) との比較がタイミングよく可能となったことも大きいだ
ろう。全国のデータと比較したことで、沖縄の子どもや家族の現状をよく知る
ことができたという利点がある。全国調査である内閣府調査と比較し分析でき
ているのは、寡聞にして沖縄子ども調査以外聞かない。また、本稿では紙幅の
関係もあり触れていないが、毎年実施してきたことで経年分析ができているこ
とも大きな利点の1つである。

　本稿では、こうした沖縄子ども調査の特徴を生かし、内閣府調査など全国デー
タとの比較も織り交ぜながら、小中学生対象の調査において注目するべき労働
に関する調査結果と、乳幼児期のものとして保育のデータの2つの点について
主に報告し、沖縄の子どもや家族の現状を考える端緒となることを目指したい。

非正規雇用の問題か?

　先述のような沖縄県における貧困状況の厳しい数値に対して、よく指摘され
るのが、正規雇用率の低さ (非正規雇用率の高さ) である。しかし、沖縄子ども
調査の結果を先に触れた内閣府調査による全国データと比較すると、父母別で
は異なる状況があることが判明した。

　図1は、「令和3年度沖縄子ども調査」報告書に記載されている、中学2年
生の父親について沖縄県と全国 (内閣府調査) で就業形態別の割合を見たもので
ある。図2は母親についてである。すると、父親に関しては、全国規模の内閣

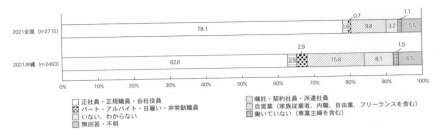

図1　中学2年生の子どもの父親の就業形態（沖縄・全国）（%）

（注）父親母親のいない世帯を含む。
（出所）「令和3年度沖縄子ども調査」報告書。

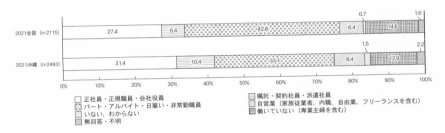

図2　中学2年生の子どもの母親の就業形態（沖縄・全国）（%）

（注）父親母親のいない世帯を含む。
（出所）「令和3年度沖縄子ども調査」報告書。

府調査と比較して「正社員・正規職員・会社役員」の割合は、沖縄県が62.6%と全国の78.1%と比べて15.5ポイント低くなっていた。それに対して、「嘱託・契約社員・派遣職員」と「パート・アルバイト・日雇い・非常勤職員」、「自営業」の割合では、沖縄県が全国よりも高くなっていることが分かる。

　一方で、母親については「正社員・正規職員・会社役員」は沖縄県の方が4ポイント高くなっており、「パート・アルバイト・日雇い・非常勤職員」は、全国の方が9.7ポイント高くなっている。つまり、沖縄県では、父親では正規職員の少なさなど不安定就労が多い一方で、母親に関しては安定している正規雇用に就く割合が相対的に高くなっている現状がある。換言すれば、父親の所得の低さや就業状況の不安定さを補うために、母親たちは比較的収入が高く安

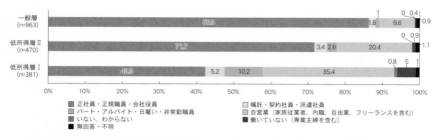

図3　沖縄県における中学2年生の子どもの父親の就業形態(所得階層別)（%）

(注)　父親のいない世帯を除く。
(出所)「令和3年度沖縄子ども調査」報告書。

定的な正規雇用に従事している傾向があるのかもしれない。

　ただ、男性の正規雇用率の低さだけが、子どもの貧困率の高さの主要因かと言えば、必ずしもそうとは言えないという指摘がある［山野・二宮 2022］。沖縄子ども調査のデータからもそのことが示唆された。

　図3は、先述の「令和3年度沖縄子ども調査」報告書に掲載されている、中学2年生の父親の就業形態データを所得階層別に見たものである。ここでは、世帯人数と世帯収入から等価可処分所得を算出し、国民生活基礎調査における貧困線未満の世帯を「低所得層Ⅰ」、貧困線以上から貧困線の1.5倍の世帯を「低所得層Ⅱ」、それ以上を「一般層」の3つの区分を設けている。「低所得層Ⅰ」の場合、「正社員・正規職員・会社役員」の割合は、42.3％となっており、一般層の86.3％の半分未満でしかない。就業形態(特に、父親が正規雇用であるかどうか)が家族の困窮状況と深く結びついていることを示すものであるが、一方で貧困ライン未満にある世帯のうち、正規雇用に就いている割合が4割を超えているというのは、正規雇用が貧困から抜け出す手段としてあまり効果を発揮していないことを示すとも言えるだろう。

　また、同じ「令和3年度沖縄子ども調査」報告書（中学2年生の父親）では、父親の就業形態別の父親の所得値（100万単位）を分析しているが、年間所得300万円未満を低所得正規雇用の割合をはかる基準として見てみると、36.6％と

かなり高いものであることが分かる（年間所得200万未満は8.8％、内閣府調査ではこうした分析はない）。子どもを抱える父母のみのデータではないが、2022年就業構造基本調査では、正規労働者全体のうち年間所得300万円未満の割合は、全国男性16.4％に対して沖縄男性36.9％（沖縄子ども調査に近似している）、全国女性40.3％にたいして沖縄女性55.6％となっている。全国と比べて、沖縄では男女ともに正規雇用者であっても低所得の比率が高いと言えるが、特に顕著なのは男性の場合であろう。沖縄の男性正規雇用者の場合、低所得比率は、全国男性の２倍超であり、全国女性とほぼ同じ水準である。

　このように、沖縄県の子育て世帯（こうした状況は、中学２年だけでなくこれまでの調査対象の乳幼児から高校生の家族で同様に起きていることである）で、父親たちの労働が厳しい状況に置かれているのは、山野・二宮［2022］や島袋［2022］は、離島という地理的な状況に加え、戦後の沖縄県が背負ってきた歴史状況が絡んでいることを指摘してきた。もちろん、これまでさまざまに指摘されてきた、第２次世界大戦による荒廃状況や、戦後27年間という長きにわたってアメリカの占領下におかれたこと、さらには現在まで続く米軍基地占拠などが大きな不利となってきたことは論を俟つまでもない。それに加え、山野・二宮［2022］は沖縄の本土復帰が1972年という高度成長期経済のほぼ終焉期にあったことや、その後の経済状況やそれに呼応した社会保障の状況変化が沖縄の大きなハンディになっている点を指摘している。

　1972年は、ドルショックやオイルショックのタイミングであり、高度成長は（沖縄も含め）終焉していくのだが、（沖縄以外の）本土では高度成長経済下でいわゆる年功型賃金を特徴とする雇用慣行が形成された。年功賃金は子どもの年齢上昇に合わせ増大する子育てや家計費用を補填する家族賃金の役割を果たした［山野・二宮 2022］。子育て世帯にとっては安定的な家族形成を支えることになったと言えるだろう。ところが、復帰が高度成長終焉後となったことで、沖縄では年功型賃金は未形成、または脆弱にしか形成されなかったことが大きな影響を与えているのだろう。

保育制度など子ども施策の遅れ

　さらに、沖縄における保育など子育て家庭に対する支援サービスの整備状況にも、復帰の遅れや復帰のタイミングが大きな影を落としてきたことを指摘しておく必要があるだろう。政府は1970年代のドルショック・オイルショック後の景気後退を１つの引き金に、1980年代「日本型福祉」や行政改革、地方分権の名のもとに子ども政策を始め社会福祉予算のカットに舵を切り始める。その後、景気が回復しても長期に渡って基本的にその潮流は変わらなかった。

　このことは、復帰後の沖縄の保育の状況に大きな影響を与えた。沖縄では復帰の時点でも保育所の未整備状況が顕著だったが、その後の全国的な保育抑制策の影響を沖縄も同様に受け全国との保育格差はなかなか埋まらなかった。80年代以降の「日本型福祉」が当然視していた母親の無償労働を前提とした社会福祉予算のカットは、沖縄には大きな逆風になったと言えるだろう。

　結果として、沖縄における保育の待機児童率は全国平均を長期にわたって大きく上回っており（推測だが、復帰後ずっと全国一だったと思われる）、現在でも待機児童数が最も多い東京より待機率では高い状態が続いている。

　しかも、沖縄における待機児童率は２つの要因によって低く見積もられてもきた［山野・二宮 2022］。１つは、かなりの数の認可外保育が認可保育の代わりに長期にわたって活用されてきた点である。待機児童の定義では、認可保育に入れず認可外保育を利用した場合、待機児童にはならない。

　もう１つは、沖縄ではアメリカの占領下、小学校入学前の１年間幼稚園に通うことが推進され、復帰後も政策的にも親たちの意識としてもそのことが当たり前のものとされてきた。それまで保育所に通っていた子どもも入学前の１年間は幼稚園利用を余儀なくされてきた。その分、保育所の枠数は減らすことができたはずである。そうした認可保育の利用数を少なく見せる要因があったにも関わらず、待機児童率は全国で最も高いものだったのである。

　さらに、沖縄子ども調査では所得階層別の保育利用格差を見いだしている。

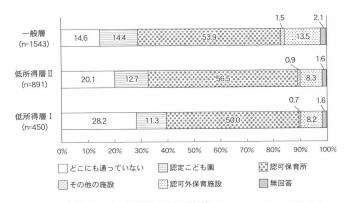

図4　沖縄県における保育利用格差（1歳児・ふたり親世帯）（%）

(出所)「令和2年度沖縄子ども調査」報告書。

図4は、「令和2年度沖縄子ども調査」報告書における、1歳児（2人親世帯）の保育利用割合を所得階層別に分析したものである。[4] これを見ると、「どこにも通っていない」割合は「低所得層Ⅰ」が約3割と他の層より高くなっている。[5]

　同じ「令和2年度沖縄子ども調査」（ここではデータを掲載していない）では、低所得層ほど働いていない母親の割合が高くなっていることから、保育所の利用が低くて当然とも言える［二宮・山野 2022］。しかし、保育利用について「どこにも通っていない」と回答した方に、保育所の利用を希望しているかを追加して尋ねたところ、「希望しており、すぐにでも通わせたい」と回答した割合は低所得層ほど高くなっていた。つまり、低所得世帯ほど保育所が利用できれば働きたいと考えている人が多いのにもかかわらず、保育を利用できていないということが示唆される結果となっていた。

まとめとして

　低所得世帯ほど保育から排除されている可能性を浮かび上がらせたのも沖縄子ども調査の成果の1つでもあったが、これには先に述べた沖縄における待機

率の高さも大きな影を落としているだろう。待機率が高く保育不足が厳しい地域では、正規やフルタイム雇用に就く割合が低い低所得世帯ほど、待機状況になる可能性が高まり認可保育を利用しにくくなってしまう（現状では、世帯所得の低さは保育の必要度（点数）を高めることにはほとんどつながっていない）。

　さらに言えば、沖縄では全国に比べても保育の需要は高い。本稿で述べたように男性の賃金が低いことで、未就学児を持つ母親は就業せざるを得ない状況をもたらしている。ところが、沖縄では稼働所得の低さに加え、保育など子育て支援も遅れており、子どもや親たちは２重３重に排除されてきたと言えるのである。

　こども基本法やこども家庭庁の設置によって、こども政策の充実に現政権は舵を切ろうとしているように見える。しかし、沖縄子ども調査の結果から見れば、沖縄など地理的、歴史的、経済的に厳しい地域と全国との格差は大きい可能性がある。さらに言えば、（現政権があまり触れようとしない）雇用政策や状況における地域格差もまた大きい可能性があるのではないだろうか。こども政策を考える場合、少なくともこうした地域格差にも目を向けていく必要があるのではないだろうか。

● **謝辞**
　本稿は、JSPS科研費（課題番号20H01610・22H05099）の助成を受けたものである。

● **注**
1）本稿の元になるデータは、沖縄県ホームページにおいて閲覧できる。
2）**図1**、**図2**では、内閣府調査と符合させるために、父親や母親がいない世帯も含んで分析している。一方で、**図3**では、所得階層で１人親世帯の割合など世帯構成に大きな違いがあるため、父親のいない世帯は除いており、**図1**とこの点で異なる。
3）正規雇用に就くことが、貧困から抜け出すことにあまり効果をもたらさないことは、沖縄のみに見られる現象ではないことは指摘しておきたい。「内閣府調査」では、中学２年生の父親の就労状況を経済状況別に示しているが、父親が「いない、わからない」場合を除き再計算すると（つまり、母子世帯などを除くと）、収入水準が「中央値の２分の１未満」の世帯（貧困ライン未満の世帯と近似する）のうち、父親が正社員や正規職員として働いているのは58.2%（「中央値以上」の世帯は91.9%）にも及んでいる。

4）ここでは、1人親世帯では保育利用が促進されることから、2人親世帯のみでの分析を取り上げている。

5）全国データで、1歳児などにおいて低所得層の保育利用が少ないことを示すデータとして、山野［2022］がある。

● **参考文献**

沖縄県ホームページ「沖縄子ども調査の結果について」(https://www.pref.okinawa.jp/site/kodomo/kodomomirai/kodomotyosa/kekkagaiyo.html、2024年1月3日閲覧)。

加藤彰彦ほか編著［2017］『沖縄子どもの貧困白書』かもがわ出版。

島袋隆志［2022］「沖縄の労働状況：低所得構造はどのように形成されてきたか」、上間陽子ほか編『復帰50年沖縄子ども白書』かもがわ出版。

山野良一［2022］「未満児保育リッチ・未満児保育プア」『子ども学』10。

二宮千賀子・山野良一［2022］「沖縄県独自の子どもの貧困調査から見えるもの」、上間陽子ほか編『復帰50年沖縄子ども白書』かもがわ出版。

山野良一・二宮元［2022］「なぜ沖縄に子どもたちの貧困は居座り続けたか」『前衛』75。

（**筆者＝**沖縄大学）

自由投稿
【研究論文】

１．職場内の分業のありようが障害者の就業に及ぼす影響
——「社会的責任」と「経営の合理性」の狭間で揺れ動く製造業の下請中小企業——

The Difficulty of Disabled Workers on Workplaces: Focusing on the Division of Labor in Manufacturing Small and Medium-sized Enterprises

小高　由起子　ODAKA Yukiko

はじめに

　短時間労働の障害者が多くなっている。そしてその多くは非正規雇用である。これらは知的、発達、精神障害者に多い。こうした就業は、障害者が健康を維持しながら働くことを優先し、その選択に企業が合理的配慮として応えてきたものである。

　2000年代以降、障害者雇用は大企業が中心となって進めてきた。障害者雇用促進法が企業の社会的責任として一定の雇用数を企業に義務付ける中で、これまで大企業が特例子会社を設立するなどして雇用数を確保してきた。これに比して中小企業では取り組みが遅れている。採用や育成に負担のかかる障害者雇用に積極的になれないからである。他方で中小企業は、発注企業からの厳しい要求に応えうる人材を確保する必要がある。特に下請中小企業は、経営面での不安定性を常に抱える中で、その厳しい要求に応えていくことが長期的な取引関係の維持の前提となっているといえよう。

　中小企業が置かれるこのような経営環境が、障害者の就業にどのような影響を及ぼすのか。そしてその就業が企業の職場内の分業において経営と障害者の相互の選択としてどのように選択されるのか。これらのことについてはこれまで十分に明らかにされていない。そこで本稿は、下請中小企業の事例から、中

小企業の職場内の分業のありようが障害者の就業に及ぼす影響を明らかにすることを課題とする。

I　先行研究から見える障害者の短時間労働と中小企業の障害者雇用

1　障害者の短時間労働

　障害者の人口構成が変化している。駒村・荒木［2018］は、身体障害者が高齢化する中で、他方では知的障害は20代〜30代、精神障害は30代〜40代に多く分布し、精神障害者を中心とした生産年齢世代（20〜49歳）の層が厚くなっていることを明らかにした（486-487頁）。

　この知的障害、精神障害、発達障害において雇用として広がりをみせるのが、短時間労働での雇用である[1]。厚生労働省「障害者雇用実態調査」（平成30年度）によれば、雇用される障害者数82.1万人のうち、身体障害者42.3万人、知的障害者18.9万人、精神障害者20万人、発達障害者は3.9万人である。このうち、週30時間未満で働く障害者は、身体障害者20.2％、知的障害者31.8％、精神障害者52.8％、発達障害者40.1％となっており、身体障害に少なく精神、発達障害に多くなっている。

　そしてその多くは非正規雇用であり[2]、これは知的、精神、発達障害者に多い。前掲調査によれば、「正社員以外」で雇用される障害者の割合は、身体障害者47.1％、知的障害者80.0％、精神障害者74.4％、発達障害者77.2％である[3]。知的、精神、発達障害者においては雇用される障害者のうち8割が非正規雇用の形態をとっており、20代〜40代が多く分布する障害者に非正規雇用での雇用が非常に多いことがわかる。

　こうした短時間労働が選択される要因には、障害者側と企業側の2つの側面からみた事情があると考えられる。まず障害者側からみると、障害者自身が病気や障害の状態の悪化を防ぎながら働くことを希望する事情がある。高齢・障害・求職者雇用支援機構［2022］は、障害者が例えば週所定労働時間20時間未

満の雇用を希望する事例として、加齢による体力等の低下や家庭の事情、作業能力等の制限が対応可能な作業や時間を制限することによる職務調整、ワークライフバランスの視点からの希望の事例があることを明らかにしている（168頁）。また、企業側からは、そうした障害者を雇用するにあたっての配慮や工夫を提供している結果である。前掲［2022］は、短時間労働となる背景には、障害者の力を職場で活かそうとする事業主の姿勢や障害者雇用のための職務創出や、障害特性等に対する様々な工夫や配慮がみられることを明らかにしている（168-169頁）。

2　「社会的責任」と「経営の合理性」に揺れ動く中小企業

　障害者に対する配慮や工夫は、中小企業でも実践が見られる［影山 2017］ものの、特に2000年代以降は大企業を中心に展開されてきたと考えられる。障害者雇用政策が大企業を中心に雇用拡大という「社会的責任」を要請し、それに応答する形で大企業が雇用拡大を図ってきたのである［江本 2018］。とりわけ大企業の設立する特例子会社は、いわば障害者を雇用するための子会社であり、その配慮や工夫に関して実際の取り組みと議論がなされてきている［眞保 2017：山田 2015など］。親会社の資金力を基盤とする充実した体制をいかすことができ、障害者への行き届いた配慮と工夫ができるといえよう。

　他方で中小企業が障害者を雇用するとき、配慮や工夫と同時に、むしろ厳しい経営環境においてどのように人材として位置付けるか、ということが焦点となる。すなわち、不安定な経営環境に置かれるもとで、企業経営の必然性の中に障害者を組み込まざるをえず、「社会的責任」と「経営の合理性」の狭間で揺れ動くのである。高齢・障害・求職者雇用支援機構［2013］は、中小企業で障害者雇用が進まない背景に、1990年代のバブル崩壊以降日本経済が長い停滞を余儀なくされ、中小企業がより厳しい経営・雇用環境に置かれていることがあると述べている（8頁）。これらのことは、慢性的な人手不足にある中小企業が、障害者を雇用する場合に作業遂行能力を重視すること［高齢・障害・求職者

雇用支援機構 2013]、障害者を戦力化する工夫と努力がなされていること［影山 2013］からも裏付けられる。

　こうした中で、中小企業が置かれる経営環境が障害者の就業にどのような影響を及ぼすのか。本稿の問いは、障害者の就業が、企業の経営や取引関係により規定される職場内の分業の中で、経営と当事者によりどのように選択されるのか、ということである。なかでも短時間労働の障害者に注目する。この課題に接近するため、考察する事例は製造業の下請中小企業を採用した。これまで多くの研究者から指摘されてきたように、中小企業の中でも取引関係において発注企業への従属性が強く厳しい経営環境に置かれている[5]。他方で製造業は人手不足に悩む業種であり、障害者を積極的に雇用するきっかけが生じうるからである。

II　中小企業の職場内における分業と障害者の就業

1　X社の概要と障害者雇用の状況

　本節では、電子部品加工・製造業のX社の事例での検討を試みる。本稿は、X社取締役へのインタビュー調査と提供いただいた資料をもとに執筆した。X社取締役はX社の製造部長を兼務しており、障害者を含め従業員の採用、配置、評価、査定と、普段から従業員への業務配分、シフト管理や作業指示を行っている。他方で、X社取締役はX社の障害者雇用を中心になって進めてきた人物である。下記に示す「」内の語りは全てX社取締役によるものである[6]。ここでまず、X社の概要とX社の障害者雇用の状況について述べておきたい。

　X社は、東京都内に位置し、電子機器部品等の製造・販売・受託加工、装置組立、製造請負の事業を展開する企業である。資本金は1000万円である。創業40年を超え、従業員数は106名である（2023年5月末日時点）。X社の主な取引は発注企業から仕事を請け負うものであり、発注企業の下請にある。

　X社が雇用する障害者数は11名で、障害者雇用率は9.72％である（2023年5月

末日時点）。民間企業に義務付けられる障害者の法定雇用率は常用雇用労働者数
43.5人以上の企業に対して2.3％（2023年4月時点）であり、X社は4倍以上と大
幅に超えている。X社がこのように積極的に障害者雇用に取り組むきっかけは、
ハローワークからの照会であった。照会のあった2017年に受注が増加していた
といい、「製造の仕事って2〜3時間だけ来てもらうと助かるなって結構ある」
という。そこでそれまではパート・アルバイトが短時間シフトの中心にあった
中で、紹介される障害者の中に長時間働くのが困難な人がいたことがX社の労
働需要と一致した。すなわち、X社の雇用管理において、短時間シフトを割り
当てるパート・アルバイトが不足する中、その不足分が短時間労働を希望する
障害者に代替したといえる。以上のようにX社は、障害者雇用の義務という「社
会的責任」を負う一方で、他方では人手不足という課題を抱えている。ここに
障害者をどのように人材として位置付けるかという「経営の合理性」が生じう
るといえ、X社の障害者雇用の内実を考察する意義がある。

　次に、X社の雇用形態別にみた従業員構成と、そのうちの障害者の構成を確
認する。X社の全従業員の構成（2023年5月末日時点）は、管理職（部長・課長）が
5名、正社員22名、準社員15名、契約社員16名、パート・アルバイト30名、嘱
託3名、派遣社員15名である。多様な形態で人材を雇用していることがわかる。
このうちX社の障害者は、正社員3名、準社員1名、契約社員1名、パート・
アルバイト6名である。パート・アルバイトとしての雇用が障害者全体の半数
以上を占めている。また、これらの各雇用形態の労働条件は、正社員はフルタ
イム週5日・無期雇用であり、準社員はフルタイム週5日・有期雇用（6カ月
毎更新）、契約社員はフルタイム週4日・有期雇用（6カ月毎更新）、パート・ア
ルバイトはパートタイム・有期雇用（3カ月・6カ月毎更新）である。給与の支
払い方法については、正社員と準社員は月給制であり、契約社員およびパート・
アルバイトは時給制である。

2　パート・アルバイトとしての障害者

　それでは、このうち短時間労働と考えられるパート・アルバイトで雇用される障害者（以下、「パート障害者」）の就業の状況をみてみたい。**表１**はX社の障害者の就業状況を示している。このうちパート障害者はF～Kの６名である。知的障害１名、精神障害３名、発達障害２名である。また、年齢層は様々であるが、身体障害（A、D）と比較すると20代～40代までの年代（G～K）が多くなっている。それぞれ週所定労働時間４時間（K）～25時間（F）での勤務となっている。これらのパート障害者のうち、「(勤務)時間を延ばしてきている人」と「このままでいい人」がみられるという。それは「人による」ものの、働き方を維持するか、拡大するかは本人との相談により決定するものだという。

　他方で、働きぶりへの期待から、労働時間や職務を拡大する打診を行うこともある。そしてその結果として、パートから契約社員へ昇格することもありえるという。パートから契約社員に昇格する場合、週４日・フルタイム（１日7.75時間）勤務可能なことが条件となっている。実際に、現在パート障害者のうち「契約社員になってもいい」人の様子を見ているところだという。すなわちX社では、パート障害者について、その働きぶりによっては労働時間や職務の拡大に基づく身分の昇格の可能性があるといえる。

　ただし、パートとして雇用される労働者はもちろんのこと障害者だけではない。その中で、X社にとってパート障害者は他のパート労働者の位置づけとはどのように異なるのか。X社では、他のパートは夫の扶養内で働く家計補助的な主婦パートがその多くを占めている。これら主婦パートの多くは、扶養の所得制限内の働き方を望んでいる実情がある。そのため、現状の労働時間と職務を超える働き方を期待することは現実的ではないのである。このような状況から、管理側にとってパート労働者の中でもパート障害者は、働きぶりによって労働時間や職務の拡大を期待する対象となりえる条件がある。

表1　障害者の就業状況（2023年5月末日時点）

	性別	年齢	障害種別	障害者手帳の有無	雇用形態	勤続年数	勤務形態	週の所定労働日数 *1	1日の所定労働時間（時間）*1	給与の支給方法	住まい
A	男性	53	身体障害	あり	正社員	16年	フルタイム	5日	7.75	月給	家族同居
B	男性	49	精神障害	なし	正社員	31年	フルタイム	5日	7.75	月給	家族同居
C	男性	41	精神障害（入社後発症）	なし	正社員	15年	フルタイム	5日	7.75	月給	一人暮らし
D	男性	54	身体障害（入社後発症）	あり	準社員	11年	変形労働時間制（夜勤）*2	4勤 4休	10.5	月給	家族同居
E	男性	24	発達障害	あり	契約社員	4年	フルタイム	4日	7.75	時給	一人暮らし
F	男性	51	精神障害	あり	パート	1年	パートタイム	5日	5	時給	一人暮らし
G	女性	40	発達障害	あり	パート	11か月	パートタイム	3日	4.5	時給	一人暮らし
H	男性	41	発達障害	あり	パート	3年	パートタイム	3日	4	時給	家族同居
I	女性	39	知的障害	あり	パート	4年	パートタイム	3日	3	時給	家族同居
J	男性	42	精神障害	あり	パート	6年	パートタイム	3日	5.25	時給	一人暮らし
K	男性	23	精神障害	取得予定	パート	1年	パートタイム	1日	4	時給	家族同居

（注1）パートの1日の所定労働時間と週の所定労働日数はそれぞれ平均を示している。
（注2）X社では変形労働時間制を導入している。1勤務あたり10.5時間の日勤と夜勤の交代制勤務であり、4日連続勤務につき4日連続休日の勤務形態である。業務の繁閑により制度適用者の増減があり、表1においてはDのみが適用者である。D以外の他の労働者は通常時間帯の8時30分から17時15分の間の勤務である。
（出所）インタビュー記録をもとに筆者作成。

3　発注企業との取引関係を維持するための職場内における分業

　こうした中で、中小企業が置かれる経営環境が、障害者の就業にどのような影響を及ぼすのか。そのことを明らかにするために、ここでは、X社が発注企業から受ける需要の頻度や継続期間、および納期の違いにより行われる職場内の分業との関係を考察したい。

　まず、**図1**に示すように、X社における発注企業からの需要の頻度や継続期間、および納期の違いは3つに分けることができる。1つ目には、「『安定的』需要・『通常』納入」型であり、安定的な需要があり、納期も一定見通すことのできる比較的生産に余裕があるものである。ここでいう「安定的」需要とは、ある程度の期間、具体的には数カ月から半年程度の生産が予定して見込まれることを指す。そして「通常」納入とは、「安定的」需要があることにより、労働需要を想定し事前に割り当てることが可能な納入のことである。2つ目には、「急な需要・緊急納入」型であり、いつ依頼が来るかも想定できないよう

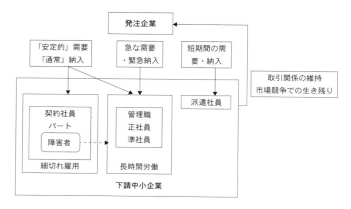

図1　X社の職場内における分業

（出所）インタビュー記録をもとに筆者作成。

な、かつ数日以内に納めるといった緊急性の高い性質のものである。3つ目には、「短期間の需要・納入」型であり、継続的に受注のあるものではなく、数カ月間で短期的に生産するようなものである。

　それでは、これらを職場内でどのように分業しているのか。まず、「短期間の需要・納入」型には、派遣社員を割り当てている。それは、「本当に3カ月だけとかの仕事があるとき」の単発の契約の場合であり、派遣社員の雇用を前提とした単価交渉を行うという。数カ月間で契約を終了することを前提とした、スポット的な雇用をしていることがわかる。

　次に、「急な需要・緊急納入」型には、準社員、正社員、管理職が対応している。すなわち、「3〜4日のうちに」という通常の業務以外の急な受注に対して、管理職、正社員が中心となって「残業したり徹夜したり」することによって対応している。それは、急な受注に対しても「応えないと、ほか（の企業）はいくらでもいる」ことを危惧するものであり、取引関係を維持するために準社員、正社員、管理職に長時間労働が強いられているといえる。

　他方で、「『安定的』需要・『通常』納入」型には、契約社員・パートを中心に、

派遣社員を除く社員で対応している。しかし、こうした安定的な仕事が減少しているといい、そのことにより、「契約社員とパートの人たちにも、申し訳ないけど契約を終了していくこともあります」という。つまり、安定的な需要のある仕事が減ることにより、契約社員・パートなどが契約終了に追い込まれる。そして、長期的な取引を前提としない単発の需要が増えることにより、直接雇用とならない派遣社員の活用が行われる。翻って急で緊急の対応を求められる仕事が増えることにより、それに対応する準社員、正社員、管理職などが長時間労働化する。こうした労働の多極化が、発注企業との取引関係によって生じているといえる。

　このようにX社が発注企業からの厳しい要請に応じるのは、そのことが発注企業との長期的な取引関係を維持しうる前提となっているからである。X社の主な取引先である11社のうち10社との取引は、受託加工を請け負っている。受託加工とは、設計や仕様の決められた製品について、発注企業からの材料の提供の上で、加工のみを請け負うものである。すなわち、発注企業からの発注や材料の提供のタイミングも発注企業次第であり、受注時にどれだけ忙しくても要請が来る。しかも急で短納期な受託加工は、X社にとって最も主要な取引先によって要請される仕事である。この取引先との取引は、X社において約35％と３分の１を占めるものである。つまりX社にとって、急で短納期な仕事にも応えることが中長期的な取引維持の条件、すなわち企業としての生き残りの条件となっているのである。

4　職場内の分業が障害者の就業に及ぼす影響

　それではX社においてこうした職場内の分業がある中で、障害者の就業はどのように影響を受けるのか。以下の２点が考えられるだろう。

　まず１つに、パート障害者は、他のパート労働者と同様に、「安定的」需要・「通常」納入である仕事が減れば減るほど、X社での雇用継続が難しくなりうる。「うちの会社に（障害者を）雇用できる仕事量があるかっていう部分もあって。やっ

ぱり製造業なので、波がある」という。しかし、やむを得ず契約終了する際も、他のパート労働者から契約終了する実情もある。それは、従業員の生活の状況を考慮することによる判断である。すなわち、「パートさんは主婦の方々が多いので……だけど、障害者の人たちは困窮しちゃうとかある。その中でも、障害年金や生活保護をもらっている人は最後」だという。つまり、X社が発注企業との関係において従属的であることが維持されれば、「安定的」・「通常」の取引が減少し、その仕事を担うパート労働者とパート障害者の雇用継続が難しくなる可能性がある。ただし、X社の場合、従業員の生活維持や困窮の可能性を1つの基準とし契約終了の順序を考慮していることから、パート障害者は他のパート労働者よりも優先的に雇用が維持されうる。

　もう1つには、準社員、正社員、管理職に急で短納期の仕事をこなすという「責任」がのしかかり長時間労働が常態化することが、健康を維持しながら働くことを優先する障害者にとっては、耐えがたい負担となる可能性がある。すなわち、ここで注目したいのは契約社員であるEの事例である。X社取締役は、「Eは今契約社員なんですけど、去年準社員の話をしたんですよね。頑張っているし、準社員に推薦しようと思うけどどう？って」との打診をしたという。しかし返事は、「いや、まだいいかなって」との結果だった。それでは、Eにとって何がこの「ためらい」の要因となりえるのか。X社取締役はこの要因について、「やっぱり準社員、正社員への待遇変更を躊躇する従業員がみんな言うのは、準社員とか正社員になるのは責任が重いってこと。責任が重いっていうのは、何かあった時に責任を取らなきゃいけないみたいなことなのかな」との見方を示している。この「責任」とは何か。これらの「責任」には少なからず、急な受注にも対応し納期を守るといった準社員、正社員、管理職が果たす必要のある「責任」が含まれる可能性は高い。X社では、準社員、正社員になる際の面談で変形労働時間制によるシフトへの「協力依頼」を行っていることからもそのことが推察される。すなわち、準社員以上の社員にはいわゆるフルタイムを超える労働強度の高い仕事を担うことが期待されているのである[8]。したがって

　X社では、障害者にとって労働時間や職務の拡大がパートから契約社員への昇格というレベルで可能でも、契約社員から準社員へは、それにより生じうる「責任」が耐えがたい負担となる可能性がある。つまり、準社員、正社員、管理職への「責任」の集中が、X社の企業としての生き残りの条件となる中で、経営側が障害者にそうした「責任」を任せる人材としての期待を抱きつつも、その「責任」に含まれる労働強度の高い働き方を障害者はあえて選択しないと考えられるのである。

おわりに

　本稿は、中小企業が置かれる経営環境が障害者の就業に及ぼす影響について、中小企業の経営や取引関係により規定される職場内の分業のあり方に着目して検討を行った。その結果、以下のことが明らかになった。

　1つ目に、X社の発注企業との安定的な取引が減れば減るほど、パート障害者の雇用継続が困難になりうる。また2つ目に、発注企業への従属的な取引関係のもとで長期的な取引を維持するために、管理職、正社員、準社員への「責任」の集中が生じている。そして経営側が障害者にそうした「責任」を任せる人材としての期待を抱きつつも、健康維持を優先する障害者はその「責任」に含まれる労働強度の高い働き方をあえて選択していない。

　以上の点が明らかになりながらも、今後検討すべき課題もある。すなわち、職場内の分業において準社員以上への「責任」としての「残業」や「徹夜」への対応が推察されたものの、実際にそれが労働時間の増減だけを意味するのか、それとも労働強度・ストレスの増加を意味するのかを明らかにできなかった。この点に関する分析は、今後の課題としたい。

● 注
1）本稿における「短時間労働」は、障害者雇用促進法が政策上使用する「週所定労働時間

　　20時間以上30時間未満」と、加えて「週所定労働時間20時間未満」も含む。後者を含む
　　理由は、障害者が週20時間未満で働くことを希望する実態があるからである［高齢・障害・
　　求職者雇用支援機構 2022］。
2 ）伍賀［2014］によれば「正規雇用」は、① 使用者による直接雇用、② 期限のない雇用契約（無
　　期雇用）、③ 通常の労働時間による労働（フルタイム）の3条件を満たす雇用形態であ
　　る（45頁）。すなわち逆説的にいずれかの条件を欠くものが「非正規雇用」である。
3 ）厚生労働省「障害者雇用実態調査」における「正社員以外」は、「勤め先で正社員又は
　　正職員などと呼ばれている者」以外の者で、「派遣労働者、パートタイマー、臨時・日雇、
　　契約・登録社員、嘱託、出向中の者」を指すとしている。
4 ）影山［2017］は、中小企業の場合、障害者雇用は「体裁のためではなく、経営的意味を
　　見出さざるをえ」ないことを指摘している（302頁）。
5 ）永山［1988］、植田［2004］など。
6 ）インタビューは2022年12月14日、2023年5月17日、2023年6月23日に行った。
7 ）植田［2004］によれば、下請中小企業にとって、発注側のQCD（品質、コスト、納期）
　　等に関する厳しい要請に応えることが長期的な取引の前提となっている（84頁）。
8 ）さらに、パートが急な欠勤をした場合も準社員以上の社員が残業や休日出勤をすること
　　によって「責任」をとっている。すなわち、「（欠勤の穴埋めは）社員が。残業とか土日
　　とか。私も作業に入ることもあります。他の人に頼むと、何であの人休んだの、私が残
　　業しないといけないのとか。なるべく係長と私が配慮しているかもしれない」という。

● 引用文献

植田浩史［2004］『現代日本の中小企業』岩波書店。
江本純子［2018］「近年の障害者雇用政策が中小企業に及ぼす影響と今後の展望」、中小企業
　　家同友会全国協議会企業環境研究センター編『企業環境研究年報』第23号、35-50頁。
影山摩子弥［2013］『なぜ障がい者を雇う中小企業は業績を上げ続けるのか?──経営戦略と
　　しての障がい者雇用とCSR ──』中央法規出版。
────［2017］「中小企業における知的障がい者雇用と組織運営」、日本発達障害学会編『発
　　達障害研究』第39巻第4号、301-309頁。
高齢・障害・求職者雇用支援機構［2013］「中小企業における障害者雇用促進の方策に関する
　　研究」『NIVR調査研究報告書』No.114。
────［2022］「障害者の週20時間未満の短時間雇用に関する調査研究」『NIVR調査研究報
　　告書』No.165。
伍賀一道［2014］『「非正規大国」日本の雇用と労働』新日本出版社。
駒村康平・荒木宏子［2018］「障害者の人口構成の変化と雇用拡大への課題──特例子会社
　　調査による実証研究──」、国立社会保障・人口問題研究所編『社会保障研究』Vol.2、
　　No.4、484-497頁。
眞保智子［2017］「障害者雇用進展期の雇用管理と障害者雇用促進法の合理的配慮」、労働政

策研究・研修機構『日本労働研究雑誌』No.685、4-19頁。

永山利和［1988］「下請制の経済理論に関する試論」、大阪経済大学中小企業・経営研究所編『中小企業季報』1号、8-18頁。

山田雅穂［2015］「特例子会社制度の活用による障害者雇用拡大のための方策について——特例子会社と親会社への全国調査から——」日本経営倫理学会『日本経営倫理学会誌』第22号、165-182頁。

（**筆者**＝中央大学大学院）

2023. 7 . 15. 受付
2023. 10. 3. 受理

書　評

１．朝日吉太郎著
『現代資本主義と資本・賃労働関係
——日独比較を通じて——』（文理閣、2022 年）

ASAHI Kichitaro, *Labor and Capital in Modern Capitalism*
—— *A Comparison of Japanese and German Systems* ——, Bunri Kaku, 2022

松丸　和夫　MATSUMARU Kazuo

は じ め に

　本書は、筆者の研究の集大成であり、現代資本主義批判の書である。その目的は、「現代資本主義における資本・賃労働関係の分析方法を考察し」「ドイツと日本における資本・賃労働関係の構造と運動を示すこと」（1 頁）とされる。547 頁の大著は、目次、索引（事項・人名）、参考文献を一瞥すると、テーマの広がりと奥行きが見て取れる。評者にとっては、事実の分析と総合の科学的方法意識に貫かれた読み応えのある大作であった。特に、「科学は批判である」との本書の「はしがき」(12 頁) のむすびのテーゼは、筆者の研究に対する基本姿勢を貫くものであり、これに評者は大いに啓発された。

Ｉ　本書の構成

　本書の構成は、4 部構成である。目次から章のタイトルだけを抜き出すと、第 1 部資本・賃労働関係の一般理論、序章、第 1 章資本・賃労働関係の一般理論、第 2 章労働市場と資本・賃労働関係、第 2 部独占資本主義における資本・賃労働関係、第 1 章独占資本主義分析と労働貴族論、第 2 章独占資本主義と労働市場の分断化作用－ドイツにおける労働市場論の展開を中心に、第 3 章独占資本

主義と労働者統合手段の高度化、第4章労働者を資本主義に統合するイデオロギーとその機能、第3部現代資本主義における資本・賃労働関係——日独比較——、第1章戦後の資本・賃労働関係の基本構造、第2章グローバル化と戦後資本・賃労働関係の再編、第4部デジタル化と資本・賃労働関係の未来、第1章インダストリー4.0と労働の未来、第2章日本におけるデジタル化と労働運動、終章、で構成され、「はしがき」と「あとがき」が本書全体をバインドしている。

「はしがき」に記述された日本の「都市伝説的な、低賃金宿命論」（4頁）は、第2次大戦後の日独両資本主義が歩んだ道の違いを対比している。筆者が認識するように、日本資本主義の地政学的位置だけから、宿命的に日本の低賃金を根拠づけることは出来ないだろう。1980年代の日本は世界最高水準の高賃金であるとの財界の問題意識は、急速な円高進行に対するフィルターを通した「危機感」でもあった。「総額人件費」の抑制のスローガンのもと、グローバル競争がダイレクトに賃金抑制政策に結びつけられ、際限のない底辺への競争を日本企業に求めた。その結果、日本国内の産業空洞化は予想以上に早く進み、今となっては、半導体を始めとする「メードインジャパン」製品の海外に輸出すべきラインナップが枯渇寸前となった。一方で、中小企業の付加価値生産性の引き上げが中小企業政策において強調されながら、実際には公正な企業間取引が実現しないまま、付加価値生産性の「上に厚く下に薄い」逆ピラミッド構造が温存されている。

かつて独占資本による中小資本に対する「収奪」として捉えられた日本の生産様式は、今日風に表現すれば、大企業の横暴、あるいは「下請けいじめ」を根絶できず、その本質は変わっていない。大企業の存続を至上命題、活動の大前提とする「企業主義的労働組合」運動への筆者の危機感に評者は全く同感である。

さて、本書の三部構成は、同時に筆者の理論モデルを体現している。つまり、第1部が一般理論、第2部が段階論、第3部が現状分析そして第4部が未来論

と織りなされている。しかも、これら諸構成部分は、バラバラにではなく全体が1つの作品として有機的構成となることがめざされている。

Ⅱ　本書の労働問題研究に対する寄与

　研究者がその研究活動の途中でその研究成果を論文として公表するのは、学界の研究の水準を高めるための批判と討論の不可欠のプロセスに参加するためである。1人の研究者が、研究の過程で既に公表した論文を、アンソロジーとしてみずから編集し単著として公刊することの意義は、「作品」として筆者の手元から離れて「公共財」となった研究成果を、最新時点での研究の到達点と筆者の問題意識から全体の大系を世に問うということにあるだろう。

　本書の労働問題研究における最大の寄与は、久しく語られなくなった労働問題研究のグランドセオリーを強く意識し、現代資本主義論と労働問題研究を再び架橋する企てだという点にある。評者は、学生時代に見田石介(1906-1975)の『資本論の方法』(1963年) を1人で読み、それまで経済現象や労働問題に安易に「矛盾」を「発見」し、問題の本質がわかったつもりでいた自分に恥じ入ったことを今でもよく覚えている。その後、「矛盾」という術語を希にしか使わなくなったのはそのためだ。単純な分析と総合という科学の方法、そして抽象的思考を通じた論理展開の重要性を教えてくれたのは見田石介の科学の方法論であった。

　しかし、一般理論と段階論、現状分析を一貫した論理構成で構築することは決して容易なことではない。まして、2つの資本主義国、ドイツと日本を対比しながら、現象形態の相違と本質の一貫性を説くことは至難の業ともいえる。筆者のこうした難題へのチャレンジを高く評価したい。

Ⅲ　本書に対する評価と疑問

　個別の論点に即して本書の評価をしたい。終章（529-531頁）の結論は、6つの項目から成り立っている。

　（1）資本・賃労働関係における「相互前提性」と「相互排除性」というテーゼは、科学的で中立的なものである。およそ「関係」において両者の間に相互依存と対立が併存し、この関係が継起するのは当たり前のことである。従って、資本・賃労働関係を予定調和または対立・矛盾として一面的・固定的に捉えるのはリアリティを持ち得ない。労働争議件数の少ない日本と、3年周期でストライキが実践されるドイツを対比して、単純に日本は協調的労資関係、ドイツは闘争的労資関係と断言することもできない。にもかかわらず、ドイツでは賃金引き上げが進み、日本ではずっと停滞している理由を筆者はどのように分析しているか、本書の第3部の実証的分析は学ぶところが多かった。

　（2）（3）独占資本主義段階では、「相互前提性」が前面に、「相互排除性」が退いた協調的で安定的な均衡として資本・賃労働関係が現象すると筆者は言う。しかし、日独資本主義以外でも同じ命題が妥当するのか、評者は答えをもたない。日独財界が「至宝」と捉える「協調的労働運動」が、果たして日独に共通なものかについて評者の疑問はなかなか解決しない。事業所委員会の機能と日本の企業別組合の機能に表見的な類似性を見いだすのみならず、そこに独占資本主義段階の普遍性を論じるのは果たして可能なのだろうか、本書を読んでも評者の疑問は解決しなかった。

　（4）ベルリンの壁崩以後に「禁欲のたが」が外されたグローバル資本主義は、確かに新自由主義と相俟って労資の力関係をシフトさせ、資本の蓄積欲求はさらに粗暴な形態で実現されてきた。21世紀のグローバル化戦略は、国境を乗り越えるだけでなく地域の文化や生活までもグローバル資本による訓化へと影響を拡大している。筆者の言うとおりだと評者も考える。では、それに対する対抗軸の主軸を筆者はどのように考えているか、もっと知りたかった。

　（5）と（6）は、「壁崩壊」以後の日独資本主義の労働市場、賃金、労資関係のシュプールの異同を端的に総括している。評者もまた、ドイツと比べての日本の労資関係の特殊性・異常性を認識している。弱体化されたとはいえ、産業別労働協約が経営組織法の事業所委員会（Betriebsrat）の遵守事項とすることが規範となっているドイツに対して、日本では、そもそも産業別労働協約が形成・定着しないまま、法定最低賃金や公契約条例によってボトムアップを図っている。企業主義的労働条件決定が社会への波及効果を持ち得ない現状こそが最大の未解決問題と評者は考えている。筆者の考えをもっと知りたかった。

　以上、評者の疑問や問題意識を披露させてもらった。大会の「書評」セッションでは、評者のコメントや質問に対し、筆者が丁寧に応じてくれた。しかし、フロアとオンライン参加者とのやりとりを含めて十分な議論に発展する時間はなかった。

　書評の範囲を超えるが、労働協約と公正取引の実現に関連して評者の見解を付言したい。目下、日本の法定最低賃金の水準について、国際的に見て、それが低すぎるという主張と、それは事実だが、一挙に先進国並みに最低賃金を引き上げたら地方の中小企業が耐えられないという主張がぶつかり合っている。まさに、生活賃金論と支払い能力論の正面対決である。この対立を調整によって克服することは可能なのか、それとも生活賃金論が市場における公正取引の実現によって勝利するのか、せめぎ合いが続いている。

　しかし、単純な分析と総合という科学の方法に依拠するなら、商品の価値と価格問題という経済学の古典的命題に行き着く。価格を価値以下に低減する行為は、公正取引や持続可能な商取引においてはあり得ない行為だろう。しかし、日本の下請取引に象徴されるような価格決定方式は、もはや資源高、人件費を含むコスト上昇という現局面の日本資本主義のアキレスの腱となっている。シェア至上主義の大企業による目標価格設定に対抗して、生活賃金をベースに措定し、なおかつ、中小・零細企業の事業性・採算性を担保する公正取引の実現に向けた中小企業関係団体、労働組合、中小企業政策とりわけ公正取引実現

に関与しうる行政機関の協調行動がかつてなく求められている。グローバル市場に対する品質・価格・納期の３点セットの優位性で世界市場を席巻した日本のグローバル大企業の戦略の見直しはすでに始まっている。よい品質のものをより安く、より早くというモットーから転換し、よい品質と価格と納期の持続可能なバランスを維持しながら、一次以下の下請・取引先企業とパートナーシップを構築していくことが、たんなる努力目標から大企業の責任となる社会システムの構築、現在のドイツはその一歩を踏み出している。

　理論的・実証的研究に対する批判は困難をともなう。それは「書評」という形式では不可能かもしれない。批判者自身が批判される、その場に自ら登場する他にはないと評者は考えている。

（**筆者＝**中央大学）

２．島内高太著
『企業内訓練校の教育システム
——連携と共育による中核技能者育成——』
晃洋書房、2022 年

SHIMAUCHI Kota, *Human Resource Development in Corporate Training Schools*, Koyo Shobo, 2022.

永田　瞬 NAGATA Shun

I　本書の概要

　本書は企業内訓練校の教育プログラムに焦点を当てて、中核技能者がどのように成長していくのかを実証的に分析している。筆者によれば日本企業の多くが、企業内訓練校を重視してきた背景には、訓練校が中核層の基盤として機能してきた実績がある。

　第1章「企業内訓練校の存在意義と人材育成の構造」では、技能系職場の中核層として、職長などの現場監督者やそれを補佐する班長などの職場リーダーが位置付けられている。中核層は現場組織を統率し、部下を育成し、生産工程上のトラブルに対応し、改善、生産設備等への指摘など非定型業務でも力を発揮する。企業内訓練校は、こうした将来、職場の労使関係の要になる人材を育成することが期待されている。

　第2章「養成工制度の展開と役割」では、養成工制度が歴史的に果たしてきた役割が検討されている。1900年代初頭に生成し、1920〜30年代に大企業に普及した養成工制度の特徴は、「忠誠心高き基幹職工」を育成する点にある。養成工制度は、技能者養成の機能のみならず、企業人育成の機能も果たしている。これは養成工制度の「二重の役割」である。

　第3章「企業内訓練校の教育システム」では、現場第一線をよく知る人材に、

訓練校の指導を務めさせることを「現場人材活用型教育体制」と呼び、Off-JT
に内在する研修と実務との「距離」を克服することが論じられている。

　第4章「『現場人材活用型教育体制』の効果とマネジメント」では、訓練校
への人材配置は現場の負担となっているが、指導員経験を通じて、成長してく
ることも期待しており、訓練投資と理解していることが報告されている。むし
ろ、優秀な人材を送り出す場合、中核層を担う直前の仕上げに活かそうという
発想が現場サイドに生まれる。

　第5章「心身教育の目的・方法と発達支援関係」では、トヨタにおける教科、
行事、日常活動、寮での生活指導という4層の取り組みが紹介される。訓練校
では、目標を明確にし、評価結果をフィードバックし、訓練生の努力の方向性
を会社・学園の方針に結び付けるように工夫している。訓練生は、指導員とし
て配置転換する現場人材を基点とした重層的な関係のなかから、中核層に求め
られる思考・行動様式を内面化していく。

　第6章「企業内訓練校のグローバル化」では、訓練校の立地、訓練生の国籍、
訓練校出身者のキャリアが海外に広がっていく現象を、「訓練校における人材
育成のグローバル化」と定義し、それが海外生産に果たす役割が分析されてい
る。P学園で学ぶ知識・技能や心構え、学園生活全般を通じたコミュニケーショ
ン能力などは、海外工場立ち上げの際の現地従業員への技能継承や意思疎通に
役立っている。

　終章「企業内訓練校における教育システムの複眼的管理」では、企業内訓練
校が中核層育成の基盤として効果的な人材育成を実現できる理由として、指導
員の成長にとっても効果的な、「現場人材活用型教育体制」の存在が指摘される。
「共育（ともいく）」の効果を媒介として、訓練生と生産現場の間に信頼関係が
生まれる。

Ⅱ　本書の特徴と学術的貢献

　本書は、企業内訓練校が効果的な人材育成を実現できるのはなぜか、という学術的問いに対し、それは現場をよく知る人材が指導員を務める「現場人材活用型教育体制」が、有効に機能しているからだという解答を与えている。本書の優れた点は以下の３点にあると考える。

　第１に、日本企業の競争優位の源泉として中核技能者および企業内訓練校の存在に注目している点である。生産技術者、製造技術者、オペレーターの３つの階層の役割分担を考えた場合、製造技術者が現場の改善要求などをくみ取りつつ、品質管理やコストダウンに寄与してきたことが多くの研究で指摘されている。他方で、中核技能者である製造技術者が、訓練校の教育経験を通じて、どのように段階的に成長していくのか、この点の研究は不足していた。本書は、中核技能者の中でも、田村［2011］などが指摘する、生産技術者や現場リーダー・オペレーターとの間の橋渡し機能を果たす製造技術者の役割に注目し、彼ら・彼女らが成長するメカニズムを実証的に明らかにしている。

　第２に、人事労務管理が機能するミクロレベルの条件として中核技能者を位置付けている点である。養成工制度から継承される企業内訓練校における技能者養成・企業人養成という「二重の役割」は、企業に貢献する技能を身につけ、企業反発的な価値観を排除し、協調主義的な思考を内面化することを目的とし

図１　人事労務管理の機能と対象

（出所）木元進一郎［1986］『労務管理と労使関係』森山書店、をもとに作成。

ている。かつての労務管理の対象論争とのかかわりで言えば、労務管理の目的
は、できる限りの労働の抽出（経済的搾取）と、労働組合運動を含めた労働者の
反発の抑制（労働者の支配・抑圧）にある［木元 1986：20］(**図1**)。本章で分析され
る企業内訓練校による中核技能者の供給と成長は、協調主義的労使関係の下で、
職場が円滑に機能する条件であることをあらためて指摘している。

　第3に、訓練生が製造技術者などへと成長するプロセスを、時間軸を据えて
分析している点である。訓練生にとっては、指導員が将来設計のロールモデル
であり、指導員にとっては、教育を通じて、現場の経験が客観化される。こう
した教わる側、教える側がともに成長する「共育（ともいく）」は、企業成長と
能力開発が両立する理想的な形の1つである。

Ⅲ　コメントと論点

　本書が生産管理論、人事労務管理論、労使関係論などの分野で果たす学術的
貢献は大きいと考えるが、今後の研究の足掛かりとして、以下の3点を指摘し
たい。

　第1に、日本的生産システムの特徴を構想と実行の分離の部分結合（21頁）
と位置付ける評価についてである。本書でも指摘される片渕［2019：179］では、
末端作業者層も含む製造現場のライン部門が、作業方法の改善や品質の向上な
どの製造現場の諸問題を解析・解決することを根拠として、思考部分に参加す
ると評価している。また、小川［2020：106-107］では、計画と実行の分離を前提
としたうえで、一般技能者が業務改善を目的とした問題解決活動を実施してい
る点をもって、部分的な分離を伴う計画と実行の統合として特徴づけている。
あるいは、野原［2006：29］は、テイラーシステムにおける構想と実行の分離
とトヨタ生産システムを比較するなかで、商品の生産が、1）生産物の構想（製
品設計）→2）生産方法の構想（製造工程の設計）→3）作業方法の構想（製造作
業過程)へと細分化していく過程を整理している。これらの議論を前提とすると、

構想と実行の分離とその結合にはいくつかの段階があると理解できる。本書で強調された、「日本企業の競争優位に中核技能者が果たす役割が大きい」というとき、果たしてどの次元の話を想定しているのだろうか。

　第2に、中核技能者層の育成に必要な、思考・行動様式の内面化を支える条件は何かである。企業主義的な価値観の内面化、「会社の意に沿って行動出来る人材を育成すること」(111頁) は、日本企業の伝統的な働かせ方の負の側面、例えば、長時間労働や時間外労働と表裏一体である。2010年代に「ブラック企業」という概念が一般化した現状では、若年層が企業主義的な価値観を受容するには一定のハードルがあるように思える。訓練生が、企業主義的な価値観を内面化し、許容する条件はどこにあるのだろうか。

　第3に、海外現地工場における現地人材が中核技能者に成長する実態の有無についてである。心身教育的な要素を織り込んだ中国・蘇州のP学園のミニチュア版は、将来的に「中核層育成の現地化」(151頁) を実現することを目指している。仮に、海外でも訓練校を通じた中核技能者の養成が実現されれば、日本企業の海外展開に伴う現地人材育成という長年の課題の1つがクリアされる[1]。P学園ミニチュア版の設立を通じて、中国人従業員が製造技術者へと成長していく実態はどの程度みられたのだろうか。

　以上、本書を読んで感じた3つの論点を提示したが、本書の学術的価値は高い。本書では、筆者による聞き取り調査をもとに、事実発見を踏まえた先行研究との違いを十分に理解することができる。また、本書で強調される教える側、教わる側、双方がともに成長する姿は、複数のオリジナルな図表を読み込むことで理解を深めることが可能である。本書が、日本企業の競争力や人材育成、海外展開に関心のある研究者のみならず、多くの実務家に読まれることを期待する。

● 注
1) 海外現地工場を調査した研究では、海外現地従業員が生産現場に果たす役割を限定的に

とらえているものが多い。例えば、田村［2011：156-157］によれば、海外日系工場では、オペレーターや改善活動などを通じた標準作業への改善を「制限」し、技術者、それも製造技術者を中核として、生産管理の高度化を進めている。この場合、日本の工場で一般的な、製造技術者とオペレーターとの協力関係は期待できず、むしろ、日本人の製造技術者の職務範囲が広がることが想定されている。

● **参考文献**

小川慎一［2020］『日本的経営としての小集団活動』学文社。

片渕卓志［2019］『トヨタの品質管理メカニズム』晃洋書房。

木元進一郎［1986］『労務管理と労使関係』森山書店。

田村豊［2011］「海外進出の生産マネジメントへのインパクト――日本型管理分業への着目とその評価――」清晌一郎編『自動車産業における生産・開発の現地化』社会評論社。

野原光［2006］『現代の分業と標準化』高菅出版。

（**筆者**＝高崎経済大学）

2022年度

労務理論学会賞（特別賞・学術賞）選考審査委員会報告書

　労務理論学会賞選考委員会は、労務理論学会学会賞（特別賞・学術賞）に推薦がなされたことを受け、三作品に絞り、審査した。その際「労務理論学会賞規程」に基づき選考委員会を各作品ごとに組織し、慎重に審査を行った結果、以下の作品に労務理論学会賞（特別賞・学術賞）を授与するとの結論に至り、理事会から承認を得た。

2022年度　労務理論学会賞（特別賞）

十名直喜『企業不祥事と日本的経営

——品質と働き方のダイナミズム——』（晃洋書房、2019年）

　本書は、昨今社会問題化している大企業において続出した「企業不祥事」としての品質不正と、三種の神器からなる「日本的経営」での「働き方」とのダイナミックな関係性を歴史的に解明し、品質と働き方との「好循環」から「悪循環」への転換を分析し、そしてその「悪循環」から「好循環」へのシステム転換を提案する労作である。意欲的かつ学術的にも有益である。

　本書は、日本の高品質をもたらしたデミング・システムを取り込んでいった「職場の組織と管理の分析」、そしてそれを支える「人事労務管理と労使関係の分析」を歴史的に展開する。日本の高品質を支えてきた管理システムは、デミング・サイクルを応用したQC活動およびTQCとし、それを推進した「働き方」の管理としての「能力主義管理」（職能資格制度と人事評価）と、それを可能にさせ普及させた労使協調主義に基づく労使関係とであるとする。ここでの「働き方」での「職務内容」、「勤務地」、「労働時間」という３つの無限定性が、高度成長期ではQC（TQC）を機能させ、グローバル化とバブル崩壊以後は、逆にQC（TQC）を衰退化させ、同時に効率性と利益を優先させる企業経営に歯止めをかけない

ことで品質不正（企業不祥事）を生んだとし、ここからの脱出は、「無限観から有限観へのパラダイム転換」、無限定な働き方を抑制することであると指摘している。

　本書は、企業不祥事の原因を経営風土や企業倫理から究明するのではなく、日本の経営システムの現場の仕組みから分析している。そこでは、現場作業における検査と修正を通して徹底させる「品質管理」と、職務が限定的でなく、仕事が重なり合い、互いに協力なしには進まない日本の働き方（職務の無限定・柔軟性）とを、働かせ方としての「能力主義管理」（職能資格制度）が繋ぎ合わせているとした。この「発見」は20年間鉄鋼メーカーに勤務していた著者の卓越した観察力の成せる業である。

　ただし、能力主義管理の役割を強調するがあまりに、日本の高品質は能力主義管理があったからこそ実現したのだとの誤解を生みかねない。企業経営側が「品質と働き方」を３つの無限定性を伴う能力主義管理として包摂したとの著者の意図が伝わっていないようにみえる。さらに、1980年代のアメリカがこの日本の品質管理の重要性を学んで開発した「シックス・シグマ」に触れているが、深掘りする必要がある。それにより、アメリカが開発したデミング・システムがなぜアメリカで普及することなく、日本で花開き、それがなぜ衰退していったかをより明快に分析できたのではないか。

　本書の書評は、経済社会学会、基礎経済科学研究所、財政学研究会、産業学会、経済理論学会など、多様な学会誌に掲載されている。多様な専門領域から注目され、話題を集め、議論が深められている。

　本書は、「働きつつ学び研究する」というロマンと挑戦（『人生のロマンと挑戦──「働・学・研」協同の理念と生き方──』社会評論社、2020年）のもと、強烈で刺激的な問題提起となった最初の単著『日本型フレキシビリティの構造』（法律文化社、1993年）から約30年間のご自身の研究成果を盛り込んだ集大成である。

　以上のことから、本著作は特別賞に相応しい著作であると結論する。本書の問題提起を、会員が重く受けとめて、深めていくことを期待したい。

2022年度　労務理論学会賞（学術賞）
島内高太『企業内訓練校の教育システム
──連携と共育による中核技能者育成──』（晃洋書房、2022年）

　本研究は、自動車産業を中心とした大企業の企業内訓練校の目的と機能を、とくに「教える者」と「教わる者」との間での「共育（ともいく）」に着目して、分析している。さらに、先行研究には乏しかった「教える者」へ注目する独自の視点から、長年にわたる数多くの企業内訓練校の管理者、指導員、訓練生に対する豊富な聞き取り調査にもとづく詳細な実証研究を行ったことは、特筆すべきである。

　著者は、企業内訓練校において、現場第一線活躍している人材に指導員を担わせる「現場人材活用型教育体制」、学科教育・実技訓練・心身教育からなる「教育プログラム」と組織的枠組みを中心に、詳細に実証分析した。そしてそれらが、指導員と訓練生との共育を機能させ、技能者育成のみならず「心身教育」による企業人育成という「二重の役割」を持つことを明らかにしたことは注目すべき成果である。また、訓練校が、OJTとOff-JTを媒介する役割を持ち、「構想と実行の分離の部分的結合」を担う中核的技能者の育成をもたらしたことを明らかにしている。かつ、それらが、日本的協調的労使関係と日本的生産システムの構築という日本企業の競争力の基盤になったとしている。また、それが中国における現地中核技能者の育成の上でも適用されているという事例も紹介している。近年退潮傾向にある企業内教育訓練教育および企業内人材養成を再評価することを可能にする研究と言えよう。

　ただし、グローバル化や『新時代の日本的経営』以後の労働力構成の激変の中での技能養成での変容、生産現場における構想と実行の再結合、他国や自動車産業以外の他産業との比較等の評価は課題として残されている。このような課題が、本人の分析視角から取り組まれることを期待したい。

　本研究は、当該分野の先行研究には希薄であった「共育」および「心身教育」

という新たな視点からの豊富な実態調査と詳細な分析が展開されているのとともに、日本企業のモノづくりにおける企業内訓練校教育および技能系人材養成の重要性を再評価する上での貴重な示唆を提示しているという点で、学術的な功績が極めて大きい。

　よって、労務理論学会賞（学術賞）を授与することとする。著者の問題提起を会員が取り組み、深めることを期待したい。

2022年度　労務理論学会賞（学術賞）
禿あや美『雇用形態間格差の制度分析
──ジェンダー視角からの分業と秩序の形成史──』
（ミネルヴァ書房、2022年）

　今日、とくに小売業などにおいて、パート労働者の「基幹労働力化」が進む中で、「職務」の価値という点で正社員との格差が縮小してきているにもかかわらず、依然として両者の間には賃金などの処遇格差は大きく、解消されていない。

　なぜ、正社員とパート労働者の処遇格差が解消されないのか、それを解消するにはどうすれば良いのかという問いに対して、本書は1950年代以降の電機産業とスーパーや生協などの小売業を分析対象にして、正社員と非正社員（臨時工やパートタイマー）の職場内での分業と秩序が、歴史的にどのように構築・維持され、変容してきたのかを膨大な先行調査・研究の渉猟とインタビュー調査や独自に開発した「職務評価調査票」を活用することによって、理論的・実証的に解明した本格的な学術書である。

　学術賞に相応しい作品として評価された三点を指摘しておく。まず第1の意義は、正社員は「知的熟練」を軸に形成されている内部労働市場、パートは「職務基準」に基づく外部労働市場に位置づけ・処遇されているという二項対立的な図式により両者の格差を「合理的」に説明してきた通説を、独自に実施した

職務評価分析に基づき覆したことである。

　具体的には、本書の第3部（「職務分析・職務評価調査を用いた小売業の人事・処遇制度の分析」）において、正社員の賃金形態が異なる小売業3社（年功賃金制度をとる2社、役割給制度をとる3社、職能給制度をとる4社）を事例に、著者が多くのインタビュー調査を重ねて独自に工夫した丁寧な「職務評価分析」により、正社員は「職務」に応じた序列が役職の序列によって形成され、「ヒト基準」ではなく、「職務基準」によって賃金が決定されていること。一方で、パートの賃金は、パートという「身分」、すなわちパートだから家計補助的賃金水準でも構わないというジェンダー化された基準によって決定されていることを実証的に解明している。その上で、著者は「雇用形態間の処遇格差が生じ、解消しなかった理由は、従来の内部労働市場論/外部労働市場論を用いて、正社員と非正社員を切り離して議論してきたことにある」(305頁）と、通説の枠組みを無批判に受容してきた研究者の姿勢をも批判している。

　第2に、著者は正社員の処遇に関わって「職務」を軽視することは「転勤や労働時間の長さなどの企業への拘束性の高さ」(306頁）を処遇の区分けの基準として用いることにつながりかねないと注意を促し、「職務」を基準にすえて、性や雇用形態の違いに中立的な人事・処遇制度を展望することの意義を強調している。働き方の違いや拘束性の度合いを処遇基準に用いることは、労働者が処遇水準を維持するため、「企業による強い拘束性」を容認することにつながりかねない。本書のこの指摘は労働組合に対する問題提起でもある。

　第3に、「職務」に関する公的統計が整備されていない現状のもとで、著者は生協の三社を対象に自ら設計した調査票を用いて「職務評価調査」を実施しているが、この作業は「職務に関する新たなデータの構築に向けた試み」であるとともに、「ジェンダー統計」の整備の一環でもある（308頁）。

　さらに、審査委員から出された本書への注文を紹介しておく。

　第1に、本書のタイトルは「雇用形態間格差の制度分析」だが、実際に扱われている非正規雇用は臨時工とパートタイマーのみである。確かに、請負労働

者、委託労働者、社外工、派遣労働者にも言及されているが、十分とは言えない。とくに調査対象の生協の配送部門の委託業者のなかには生協が設立した子会社もあり、委託労働者は生協の内部労働者を外部化したものであると考えられる。本書でも少数ながら委託労働者の「職務評価調査」も行われているが、これら間接雇用形態の労働者の本格的な「職務評価」分析については今後の研究を期待したい。

　第2に、本書の調査分析の中で、同一企業内における女性正規労働者と（女性）非正規労働者との間の格差に関する言及について更なる検討の余地が残されているように思える。

　ただし、これらの点は本書の価値をいささかもそこなうものではない。丹念な先行研究を踏まえて分析枠組みを明確にし、独自の「職務評価調査」をもとに労働市場の二元論的通説を根底から批判した意義はきわめて大きく、労務理論研究に大きな貢献をしたものという点で、労務理論学会賞（学術賞）を授与する。著者の問題提起を会員が取り組み、深めることを期待したい。

労務理論学会賞選考委員会

委員長　國島弘行

——『労務理論学会誌』投稿論文の募集について——

労務理論学会誌編集委員会

　『労務理論学会誌』第34号（2025年2月発行予定）に掲載する投稿論文を下記の要領で募集します。会員であれば大会報告者でなくても投稿できます。
　投稿を希望する会員は、「投稿規定」に従って、下記の送付先へ、期日までに提出して下さい。

(1) 論文の種類：研究論文、研究ノート、書評、その他
(2) 提出期限　：投稿論文締切　　　2024年8月25日（日）（必着）
　　　　　　　　投稿論文以外の締切　2024年9月15日（日）（必着）

【投稿論文送付先】
〒192—0393　東京都八王子市東中野742—1
中央大学経済学部内　鬼丸　朋子宛
E-mail : tonimaru001z@g.chuo-u.ac.jp

　　　なお、2024年8月に開催予定の全国大会において編集委員会の交代が予定されておりますので、大会後は原稿の送付先が変更になります。詳細は全国大会後に学会ホームページ、学会ニューズレターなどでお知らせします。

(3) その他：
　　論文は筆者名を厳密に秘匿して審査されるため、投稿者は本文中に執筆者と分かるような記述（氏名など）を避けるように注意してください。

　＊投稿希望者は、労務理論学会学会誌、労務理論学会ウェブサイトないしは労務理論学会規定集の「投稿規定」の項目を一読していただき、その要項にもとづいて投稿して下さい。

第1条（投稿資格）
　　　投稿者は原則として本学会の会員とする。

第2条（原稿の種類）
　　　投稿原稿は、本学会の目的に即したテーマで、原則として、日本語で書かれた単著の、研究論文、書評、研究ノート、研究動向などを含む未公刊の研究論文等とする。

第3条（著作権）
　　　掲載された論文の著作権は、労務理論学会に帰属する。本誌に掲載された論文を執筆者が他の出版物に転用する場合は、予め文書によって編集委員長もしくは会長の了承を得なければならない。

第4条（書式と字数）
　　　原稿は、原則として、ワープロによる横書き和文とする。字数は、本文・注・図表・文献リストを含めて、研究論文は40文字×325行以内、研究ノートは40文字×250行以内、書評、その他40文字×125行以内とする。
　　　なお、原稿字数を計算する際、図表は便宜上、以下の3段階で換算する。
　　①A4版1頁相当の場合は40行
　　②1/2頁相当の場合は20行
　　③1/4頁相当の場合は10行
　　　必ず提出前にA5版で図表をプリントアウトし、読みやすい大きさであるか、執筆者本人が確認する。

第5条（記入禁止事項）
　　　原稿の表紙に投稿者の氏名、住所、所属機関を記入し、原稿自体には執筆者と分かるような記述（氏名など）は一切しないものとする。

第6条（原稿の締切）
　　　研究論文、研究ノートの締切は、毎年7月15日とする。書評、その他原稿の締切は、毎年9月10日とする。ただし、全国大会の開催日に応じて、編集委員会が必要と認める場合は、締切日を編集委員会の責任において決定し通知する。

第7条（原稿の送付）
　　　投稿原稿は、指定されたファイル形式（Microsoft Word、PDFなど）でEメールに原稿ファイルを添付して学会誌編集委員長宛に送信するものとする。なお、正一部、副一部をプリントアウトし、DVD-R、USBフラッシュメモリなどの記録媒体とともに学会誌編集委員会委員長宛に送ることもできる。

第8条（採否の決定）
　　　投稿原稿の『労務理論学会誌』掲載の最終決定については、学会誌編集委員会が所定の審査を経て原則として毎年9月末日までに決定する。

第９条　（校正）
　　　採用原稿の執筆者校正は一校までとする。なお、校正時における加筆
　　　および変更は認めない。

第10条　（原稿の返却）
　　　投稿原稿は採否に関わりなく返却しない。

第11条　（原稿料）
　　　原稿料は支払わない。

第12条　（改訂）
　　　編集委員会は、理事会の承認を得て、本規定を改定することができる。

附則
編集委員会からの依頼論文については、別途、編集委員会からの指示による。

（施行期日）この規定は、1999年10月１日から施行する。
（改訂）2000年９月８日　（第５条）
（改訂）2001年６月９日　（第３条および第５条）
（改訂）2001年12月18日　（誌名の変更）
（改訂）2002年６月８日　（第２条および第３条）
（改訂）2002年12月18日　（第３条の追加）
（改訂）2003年６月14日　（第６条）
（改訂）2008年１月31日　（第４条および第７条の変更）（第６条）
（改訂）2008年６月13日　（第４条の訂正および附則の追加）
（改訂）2019年６月７日　（第６条の変更）
（改訂）2019年８月10日　（第４条の変更）
（改訂）2021年９月９日　（第４条、第６条、第７条および第８条の変更）
（改訂）2023年12月10日　（第４条の変更）

Labor and Management Review (Roumu-riron Gakkai Si)

March 2024   No.33

LOST THREE DECADE in Japan and Human Resource Management

Published by Japan Academy of Labor and Management
URL : http://jalmonline.org/

執筆者紹介

島袋　隆志（沖縄大学）

浅野　和也（三重短期大学）

伍賀　一道（金沢大学名誉教授）

伊藤　大一（大阪経済大学）

禿　あや美（跡見学園女子大学）

藤井　浩明（大同大学）

黒田　兼一（明治大学名誉教授）

田村　　豊（愛知東邦大学）

山野　良一（沖縄大学）

小高由起子（中央大学大学院）

松丸　和夫（中央大学）

永田　　瞬（高崎経済大学）

國島　弘行（創価大学）

編 集 後 記

『労務理論学会誌』第33号は、2023年6月23日〜25日に沖縄大学にて開催された労務理論学会第33回全国大会における統一論題とコメントに基づく論文、統一論題プレシンポジウム報告、特別講演、書評報告、2022年度労務理論学会賞（特別賞・学術賞）選考審査委員会報告書および学会誌への投稿論文が掲載されています。

第33回全国大会では、「『失われた30年』と人事労務管理」という統一論題を中心に、統一論題プレシンポジウムで「賃金管理の変遷と役割給・「ジョブ型」雇用」、「企業価値の変化と人的評価への新たな視点」が報告され、学会員は多くの知見と刺激を得ることができました。また、特別講演「沖縄における子どもの貧困——調査から見えるもの——」では今日の沖縄が抱える課題が報告されました。さらに、書評報告では2冊の書籍について議論されました。

本学会誌が無事に刊行に至りましたのは、ご玉稿を提供下さった方々、査読をご担当下さった諸先生方、編集委員の先生方、その他多くの関係者の皆様によるご協力の賜物でございます。この場をお借りして、皆様の御尽力に対して厚く御礼を申し上げます。末筆ではございますが、出版事情が厳しい中で、長らく本誌の発行を引き受けて下さっている晃洋書房様、とりわけ、丸井清泰様をはじめとする編集部の皆様に、感謝と御礼を申し上げます。

2023年10月15日

編集委員長　鬼丸　朋子

労務理論学会誌　第33号

「失われた 30 年」と人事労務管理

2024年（令和6年）3月30日発行　　　定価　本体 3000 円 + 税

編　集　　労務理論学会誌編集委員会
発　行　　労務理論学会Ⓒ
　　　　　URL:http://jalmonline. org/
発　売　　株式会社 晃洋書房
　　　　　郵便番号　615-0026　京都市右京区西院北矢掛町 7
　　　　　電　話　075（312）0788　FAX　075（312）7447
　　　　　振替口座　01040- 6 -32280
印刷・製本　株式会社 エクシート

ISBN978-4-7710-3808-0